Andando na corda bamba da razão

A vida precária de um animal racional

CONSELHO EDITORIAL
Ana Paula Torres Megiani
Eunice Ostrensky
Haroldo Ceravolo Sereza
Joana Monteleone
Maria Luiza Ferreira de Oliveira
Ruy Braga

Andando na corda bamba da razão

A vida precária de um animal racional

Robert Fogelin

Tradução: Israel Vilas Bôas e Plínio Junqueira Smith

alameda

Copyright © 2003 Robert Fogelin
Copyright © 2016 Israel Vilas Bôas e Plínio Junqueira Smith

Grafia atualizada segundo o Acordo Ortográfico da Língua Portuguesa de 1990, que entrou em vigor no Brasil em 2009.

Edição: Haroldo Ceravolo Sereza
Assistente acadêmica: Bruna Marques
Editor assistente: Camila Hama
Projeto gráfico e diagramação: Cristina Terada Tamada
Assistente de produção: Dafne Ramos
Revisão: Gabriel H. Ryal Dias
Capa: Jean Ricardo Freitas
Tradução: Israel Vilas Bôas e Plínio Junqueira Smith

CIP-BRASIL. CATALOGAÇÃO NA PUBLICAÇÃO
SINDICATO NACIONAL DOS EDITORES DE LIVROS, RJ

F688a

Fogelin, Robert
Andando na corda bamba da razão : a vida precária de um animal racional
Robert Fogelin ; tradução Israel Vilas Bôas , Plínio Junqueira Smith. - 1. ed.
São Paulo: Alameda, 2016.
190 p. ; 21 cm.
Inclui bibliografia

Tradução de: Walking the tightrope of reason : the precarious life of a rational animal
ISBN 978-85-7939-387-7

1. Razão. 2. Ceticismo. 3. Significação (Psicologia). I. Vilas Bôas, Israel. II. Smith, Plínio Junqueira. III. Título.

16-35950   CDD: 128
                     CDU: 128

ALAMEDA CASA EDITORIAL
Rua Treze de Maio, 353 – Bela Vista
CEP 01327-000 – São Paulo – SP
Tel. (11) 3012-2403
www.alamedaeditorial.com.br

SOB UMA CERTA ESTRELINHA

Me desculpe a coincidência por chamá-la de necessidade.
Me desculpe a necessidade no caso de eu estar errado.
....
Me desculpem as grandes perguntas pelas pequenas respostas.
Ó Verdade, não preste muita atenção em mim.
Ó Solenidade, seja magnânima para comigo.
Aguente, mistério da existência, se eu puxo os fios de suas vestes.
Não me acuse, Ó alma, por tê-la apenas raramente.
Me desculpem todas as coisas,
por não poder estar em todos os lugares.
Me desculpem todos,
por não poder ser cada homem e cada mulher.
Sei que, enquanto viver, nada pode justificar-me,
porque sou um obstáculo para mim mesmo.
Não me leve a mal,
Ó discurso, por tomar emprestadas palavras pesadas e, depois,
me esforçar para que pareçam leves.

Wislawa Szymborska

SUMÁRIO

Prefácio	9
Introdução	13
Capítulo 1 – Por que obedecer às leis da lógica?	27
Capítulo 2 – Dilemas e paradoxos	51
Capítulo 3 – A razão pura e suas ilusões	79
Capítulo 4 – Ceticismo	105
Capítulo 5 – Respostas modestas a esses desafios	137
Capítulo 6 – Questões de gosto	155
Capítulo 7 – Últimas palavras	173
Referências Bibliográficas	181

PREFÁCIO

Este pequeno volume é o fruto de uma série de conferências que apresentei em 1995 com o Professor de Filosofia Romanell--Phi Beta Kappa. O prêmio, criado pelo diretório nacional de Phi Beta Kappa, dá a um membro de faculdade uma oportunidade de oferecer uma série de conferências de interesse geral aos integrantes de sua comunidade acadêmica. Graças aos seus auspícios, dei três conferências públicas na Universidade Dartmouth sob o título geral de "A vida precária de um animal racional". No processo de revisão, essas três conferências se tornaram os sete capítulos apresentados aqui.

O público alvo desta obra, assim como o das conferências originais, é o leitor instruído, mas também há um segundo público, o qual me causou dificuldades sem fim, a saber, meus colegas filósofos de profissão, cujas opiniões respeito. Eles muito razoavelmente poderiam contestar virtualmente tudo o que é dito neste trabalho. No processo de revisão das conferências originais, encontrei-me cada vez mais preocupado com eles do que com o público original. O que fazer? No fim, decidi retornar à perspectiva das conferências originais e simplesmente relatar como as coisas me parecem. Como as coisas parecem aos filósofos profissionais – que objeções eles poderiam levantar – não é, na maior parte, minha preocupação atual.

Há, no entanto, um problema com essa abordagem: pode parecer que estou reivindicando ideias pertencentes a outros como se fossem minhas. No prefácio de seu *Tractatus Logico-Philosophicus*,

Ludwig Wittgenstein tratou desse problema com a seguinte notável "renúncia":

> Não quero julgar em que medida meus esforços coincidem com os de outros filósofos. De fato, o que escrevi aqui não pretende ser uma novidade no detalhe e a razão pela qual não me refiro a fontes é a de que me é indiferente se os pensamentos que eu tive foram antecipados por alguma outra pessoa.

Tendo dito isso, Wittgenstein prossegue reconhecendo sua dívida "com as grandes obras de Frege e os escritos de [seu] amigo o Sr. Bertrand Russell". Por estar oferecendo uma renúncia similar, eu gostaria de reconhecer minhas próprias dívidas. Elas são principalmente quatro: os antigos céticos pirrônicos, como representados nos escritos de Sexto Empírico; David Hume, em particular seu *Tratado da Natureza Humana*; Immanuel Kant, especificamente a parte de sua *Crítica da Razão Pura* intitulada "Dialética Transcendental"; e Ludwig Wittgenstein, primordialmente suas *Investigações Filosóficas*. Esta não é uma obra sobre esses autores, nem é uma tentativa de conciliar suas muitas diferenças. No espírito da renúncia de Wittgenstein, de bom grado eu dou-lhes o crédito por qualquer coisa convincente nesta obra e aceito a culpa pelo resto.

Tenho uma dívida profunda com muitas instituições e pessoas por sua ajuda e encorajamento na produção desta obra. O processo começou quando o diretório de Dartmouth da Phi Beta Kappa me nomeou para ser Professor de Filosofia Romanell-Phi Beta Kappa. Em seguida, o diretório nacional da Phi Beta Kappa aceitou a recomendação. Sem o apoio dos diretórios local e nacional da Phi Beta Kappa, eu não teria feito esta obra.

Durante a primavera de 2001, foi-me fornecido um cenário ideal para completar o primeiro rascunho desta obra como um pesquisador no Centro de Estudos Ligurianos de Artes e Humanidades da Fundação Bogliasco. Minha pesquisa também teve o generoso apoio da Universidade Dartmouth por meio de suas licenças sabáticas, bolsas sêniores de pesquisa e a remuneração de pesquisa associada à cátedra Sherman Fairchild nas Humanidades.

Começando com as conferências públicas proferidas na Universidade de Dartmouth em 1995, apresentei este material a diversos públicos. Aproveitei bastante das discussões animadas que se seguiram e aprendi muito com elas. Também sou grato ao apoio e às sugestões úteis dos pareceristas anônimos da Oxford University Press. Tive a sorte de Peter Ohlin e Catherine Humphries acompanharem o complexo processo de impressão desta obra. Como antes, gostaria de agradecer a Jane Taylor e a Florence Fogelin por suas habilidades editoriais, suas críticas inteligentes e seus ouvidos refinados para a língua inglesa.

Ao longo dos anos, meu colega Walter Sinnott-Armstrongdesempenhou os papéis de um examinador, de um crítico, algumas vezes de um entusiasta e outras vezes de um desencorajador de minhas ideias filosóficas. Tanto direta quanto indiretamente, ele contribuiu de muitas formas para estao bra. Meu filho, Lars Fogelin, merece nota especial. Embora não seja um filósofo profissional – está terminando o doutorado em arqueologia – ele leva os problemas filosóficos a sério. Responder às críticas e sugestões dele, penso, tornou este livro mais acessível. Isso certamente atrasou sua conclusão, mas teve um bom resultado.

INTRODUÇÃO

Vivemos nossa vida como animais racionais em condições extraordinariamente difíceis. O universo em que moramos é extremamente – quase perversamente – complexo. Albert Einstein observou uma vez que "Deus é astuto, mas não é maldoso", mas isso parece cada vez menos óbvio, dada a estranheza dos relatos provenientes das fronteiras da ciência.[1] Tais complexidade e estranheza em si mesmas, porém, não tornam precária nossa vida como animais racionais; elas simplesmente a tornam difíceis.

Um problema mais premente surge porque nós, como seres humanos, também somos animais irracionais, únicos entre os animais em nossa capacidade de acreditar em ficções bizarras construídas por nós mesmos. É deplorável e não se condenou suficientemente o fato de que a superstição – em suas formas institucionalizadas e não institucionalizadas – continua a dominar boa parte da vida humana. A irracionalidade, porém, não é o assunto desta obra, a qual não está preocupada com forças que deslocam ou corrompem a razão do exterior. Ela está preocupada com os problemas inerentes ao empreendimento racional, ou seja, problemas que tornam o próprio raciocinar uma atividade precária.

Uma das ideias principais desta obra é que a razão, exercida sem restrições, tende a nos levar a um de dois sentidos contrários. O primeiro é o caminho da metafísica, a qual, pelo menos em sua forma

---

[1] Essa é a revisão de Einstein de sua observação anterior, mais famosa e mais digna, "Deus é sutil, mas não é malicioso."

tradicional, é uma tentativa de produziruma explicação puramente racional (*a priori*) da estrutura da realidade imutável e subjacente. É uma exigência da própria razão que deva existir uma tal estrutura. A segunda e contrastante tendência é que a razão, quando levada a seus limites, mina a si mesma, produzindo o ceticismo ou o relativismo radical. O surpreendente é que essas tendências contrastantes – embora pareçam polos opostos – estão frequentemente unidas por partilhar um compromisso subjacente. Eis um exemplo:

> Se não há um Deus, então tudo é sem sentido.[2]

Esse enunciado condicional pode ser igualmente expressa como uma disjunção, isto é, como um *ou-ou*:

> Ou Deus existe ou tudo é sem sentido.

Estamos agora diante de uma escolha. Se rejeitarmos a existência de Deus, então estaremos comprometidos com a falta de sentido do mundo. Se, ao contrário, rejeitarmos a falta de sentido do mundo, então estaremos comprometidos com a existência de Deus. Um princípio análogo vem de *Os irmãos Karamazov* de Fiódor Dostoievski:

> Se Deus não existe, então tudo é [moralmente] possível.

Esse princípio tem a intenção de impor uma escolha entre a religião e o niilismo moral.

Parece uma verdade sobre muitos seres humanos que, em certas circunstâncias, eles se sintam obrigados a fazer escolhas a respeito dessas disjunções rígidas. Eis alguns outros exemplos dessas escolhas, retirados de várias áreas:

> Ou padrões absolutos de moral existem ou não há moralidade.

---

2 A menos que indicado, as referências a Deus serão a uma deidade padrão de um tipo judaico-cristão-islâmico.

Ou um texto tem um sentido fixo e determinado ou é simplesmente sem sentido.

Ou alguma coisa é certa ou nada é sequer provável.

Em cada caso, solicita-se que escolhamos entre ordem, unidade e conclusão, por um lado, e desordem, pluralidade e indecisão por outro. Essas escolhas podem afetar diferentes pessoas de maneiras distintas. Variará de pessoa para pessoa quais delas serão consideradas profundas e urgentes. Para algumas (na verdade, para muito poucas), todas essas escolhas podem parecer somente contrassensos pretensiosos ou, no melhor dos casos, coisas sobre as quais ponderar em momentos ociosos – durante um repouso. Mas, em algumas circunstâncias, essas escolhas radicais parecem impor-se a nós. Elas podem parecer importantes e incontornáveis. Isso acontece quase inevitavelmente quando nos afastamos dos assuntos da vida diária e nos ocupamos com aquela peculiar atividade humana conhecida como filosofar.

Uma decisão sobre uma escolha desse tipo envolve um processo de dois passos. O primeiro é aceitar a escolha como inteligível, imposta e irresistível.[3] O segundo, decidir-se por uma opção. O primeiro passo é o mais importante; o segundo, a escolha entre opções, é relativamente menos interessante, revelando talvez somente o temperamento de quem faz a escolha. Considere-se a escolha entre teísmo e niilismo moral, supostamente imposta a nós pela afirmação de que, se Deus não existe, então tudo é (moralmente) possível. À

---

3 Isso é parecido em alguns aspectos com a noção de William James de que uma opção é "genuína" quando ela é "imposta, viva e importante." Uma opção é imposta, nos diz James, se está "baseada numa disjunção lógica completa, sem possibilidade de não escolher." Se uma opção é imposta ou não depende de como a opção é formulada. Por exemplo, aceitar a existência de Deus ou não aceitar a existência de Deus é uma opção imposta. De outro lado, a escolha entre teísmo e ateísmo não é compulsória porque há uma terceira alternativa, o agnosticismo. A meu ver, é mais interessante refletir sobre como as opções (impostas ou não) podem se tornar vivas ou importantes. Esse é o tipo de investigação que eu faço aqui. Para as concepções de James, cf. James 1979, p. 3.

escolha pode ser dada uma leitura rasa ou profunda. A leitura rasa resume-se a isto: somente se as pessoas estiverem apavoradas pela ameaça da punição divina e também forem seduzidas pelo fascínio da recompensa celestial, pode-se esperar que ajam decentemente. Papai Noel (leia-se: o Senhor retornando em horrendo esplendor) está chegando à cidade.

Também é possível dar à escolha de Dostoievski – como podemos chamá-la – uma leitura mais profunda. Jean-Paul Sartre faz isso na seguinte passagem:

> O existencialista ... pensa ser muito incômodo que Deus não existe, porque toda possibilidade de encontrar valores num céu de ideias desaparece junto com ele; não pode mais existir nenhum Bem *apriori*, uma vez que não existe uma consciência infinita e perfeita para pensá-lo. Não está escrito em nenhum lugar que o Bem existe, que devemos ser honestos, que não devemos mentir, porque o fato é que estamos num plano em que só existem homens. Dostoievski escreveu: "Se Deus não existisse, tudo seria permitido". Esse é precisamente o ponto de partida do existencialismo.[4]

Para um ateu como Sartre, aceitar a escolha de Dostoievski leva a uma profunda consciência do absurdo (vazio, desamparo) da existência humana.

Uma característica marcante da escolha de Dostoievski, qualquer que seja a decisão tomada, é seu grande distanciamento das decisões da vida comum. Essa escolha é feita em um plano mais alto. Um teísta argumentaria seriamente que, por sermos proibidos de estacionar em frente a hidrantes, um Deus precisa existir? Claro que

---

4   Sartre, 1947, p. 26-27 (p. 9). Deve-se notar que Sartre depois abandonou muitas das ideias expressas nessa passagem, mas isso não a torna menos impressionante.

não. Invertendo as coisas, um oponente niilista argumentaria que, porque Deus não existe, *podemos* estacionar em frente a hidrantes? Esse argumento não é melhor. Aqui, teístas e niilistas unirão forças para ridicularizar essa conversa sobre hidrantes como rasa e insípida. Eles estão empenhados em um debate filosófico gerado pelo compromisso comum com a centralidade da escolha radical entre teísmo e niilismo moral. Dado esse compromisso compartilhado, condenarão em uníssono as pessoas que, do ponto de vista deles, tentam evitar a exigência feita por eles de uma decisão fundamental. Debates sobre escolhas radicais são feitos de maneira a afastá-los do mundo ordinário e rotineiro. Esse é um fato importante sobre eles, algo que exige um exame minucioso.

Como esta obra não é sobre moralidade ou religião, pretendo somente ilustrar uma característica persistente do pensamento filosófico com a referência à escolha de Dostoievski. Essa característica é a tendência das pessoas de alcançar posições radicalmente diferentes ao fazerem escolhas opostas sobre o que elas supõem serem opções impostas. Essas escolhas são talvez mais aterrorizantes quando surgem em áreas como religião e moral, mas tendem a surgir em toda a paisagem intelectual, mesmo nas suas regiões mais áridas. Considere-se a seguinte afirmação do filósofo de Harvard, C. I. Lewis, uma figura tão distante de Dostoievski e Sartre quanto se pode imaginar. Ela ocorre em seu *Análise do conhecimento e avaliação*, uma obra magistral de análise sóbria e cuidadosa, publicada em 1946.

> Se alguma coisa deve ser provável, então alguma coisa é certa.[5]

Ela constitui a última disjunção *ou-ou* na lista dada acima. Podemos chamá-la de a escolha de Lewis:

---

5 Lewis, 1946, p. 186. Annette Baier chamou minha atenção para essa passagem.

Ou alguma coisa é certa ou nada é sequer provável.

Em outras palavras, para que alguma coisa seja ao menos provável, algumas *outras* coisas devem ser fixas e certas. Convencido, como a maioria de nós está, de que algumas crenças são, para dizer o mínimo, prováveis, Lewis tirou a conclusão de que pelo menos algumas coisas devem ser certas. Ele, então, deu-se a tarefa de identificar essas certezas subjacentes e mostrar como elas poderiam sustentar as probabilidades. Até onde sei, hoje em dia ninguém pensa que Lewis foi bem-sucedido nesse esforço e, certamente, agora parece haver um consenso de que nenhuma estratégia fundacionista na teoria do conhecimento tem chance de sucesso.

As complexidades do debate entre fundacionistas e seus rivais não são, no entanto, minha preocupação atual.[6] O que me interessa é a fonte dessa escolha radical entre alguma coisa ser certa ou, na falta dela, tudo estar perdido. Lewis acha que essa escolha se impõe a nós pela seguinte linha de raciocínio:

> [Na completa falta de certeza nós] vamos nos envolver em um regresso indefinido do meramente provável – ou então ... andar em círculos – e a probabilidade não será genuína.[7]

A expressão reveladora nessa passagem é a expressão "regresso indefinido do *meramente* provável". Ela evoca a imagem de areia movediça apoiada em mais areia movediça até o fundo, sendo, portanto, incapaz de sustentar qualquer coisa. Aceitamos que muitas coisas são provavelmente verdadeiras, de fato, e que algumas são tão altamente prováveis que nós simplesmente as chamamos de verdadeiras. Confiando nesse compromisso forte do senso comum, a escolha de Lewis produz sua doutrina da certeza. Entretanto, como

---

6 Eu considero-as minuciosamente na parte 2 de *Reflexões pirrônicas*.
7 Lewis, 1946, p. 186.

sempre, o jogo pode ser jogado na direção inversa. O pensador liberado e avançado – o niilista quanto às probabilidades – pode rejeitar todas as certezas e, então, argumentar que a escolha de Lewis nos obriga a reconhecer – apesar do que a grande maioria das pessoas pode pensar – que não temos base para aceitar qualquer coisa com qualquer grau de probabilidade.[8] Sem uma base finalmente firme sob nossos pés, não há base nenhuma sob eles. Parece que a única saída desse impasse é rejeitar o princípio que chamei de a escolha de Lewis, o princípio de ou-ou que Lewis compartilha com os seus oponentes niilistas imaginados. Contudo, em algumas circunstâncias, a escolha de Lewis, como a escolha de Dostoievski, pode parecer impor-se a nós. Parecerá, então, uma marca de covardia intelectual (moral, espiritual) não enfrentá-la diretamente.

O objetivo desta obra não é oferecer orientação para fazer tais escolhas, mas para tentar entender como elas surgem e de que forma, se é que há alguma, podemos livrar-nos delas. Uma tese central desta obra é que essas escolhas radicais emergem quando se dá à razão um emprego irrestrito. Outra tese é que desvencilhar-se dessas escolhas pode ser difícil e talvez, em alguns casos, nunca seremos completamente bem-sucedidos. Essas escolhas podem gerar o que Wittgenstein chama de "inquietações profundas".[9] Elas geram essas inquietações ao nos colocar na seguinte posição paradoxal: o próprio ato de levar essa escolha radical a sério isola-nos precisamente das considerações que poderiam nos libertar dela. Ademais, dizer isso a alguém enfrentando uma escolha radical não o ajuda. Para ele ou ela, qualquer sugestão desse tipo soará rasa, uma petição de princípio, auto-anuladora, ou, como William James diria, uma "evasiva ardilosa". Essa resistência intrínseca virtualmente garante que nenhum tratamento das ansiedades geradas por uma escolha radical

---

8   Hume apresenta exatamente esse argumento em seu *Tratado*, 1978, p. 121-125, p. 154-159.
9   Wittgenstein, 1958, §111.

tem boas chances de parecer completamente satisfatório a qualquer um profundamente imerso nela. Uma estratégia possível é fazer uma comparação com outra escolha radical que a pessoa não ache compulsória. Ao exibir-lhe a similaridade subjacente entre a escolha de Lewis e a escolha de Dostoievski, talvez possamos quebrar o feitiço de alguém obcecado com a escolha de Lewis; Dostoievski, Sartre e Nietzsche podem não ser um grupo com o qual essa pessoa deseja se associar. Infelizmente, o oposto também pode acontecer: nosso sujeito pode, pela primeira vez, levar a escolha de Dostoievski a sério, dobrando, assim, os problemas dele ou dela. O contágio se espalha.

***

Como lidaremos com questões difíceis e entrelaçadas de maneiras complexas, talvez ajude ter um mapa do que seguirá. Os dois primeiros capítulos examinam uma polaridade que ocorre no nível mais profundo possível: a aceitação ou rejeição do que é frequentemente considerado o princípio fundamental do pensamento racional – a lei de não contradição. Essa lei, segundo a qual (genericamente) não é possível que alguma coisa seja e não seja ao mesmo tempo, ou que alguma coisa tenha e não tenha uma qualidade, pode parecer tão fundamental a alguns que não se veria como alguém poderia rejeitá-la. Contudo, ela *foi* rejeitada por Heráclito (pelo menos como alguns o leem), Ralph Waldo Emerson, Walt Whitman e Friedrich Nietzsche, entre outros. Nos círculos pós-modernos, aceitar a lei de não contradição é considerado uma prova de ingenuidade. Como veremos, a disputa entre os defensores tradicionais dessa lei e seus oponentes tradicionais fundamenta-se em uma má concepção do estatuto dessa lei – uma má concepção que gera talvez a escolha radical mais fundamental de todas. Com essa má concepção em ação, a disputa é intratável. Infelizmente, desalojar essa má concepção é extremamente difícil. Conta-se essa história no capítulo 1.

O segundo capítulo também diz respeito à lei de não contradição, mas tem uma tendência diferente. Seguindo Wittgenstein, esse capítulo realmente defende uma série de teses aparentemente antirracionalistas, entre as quais a de que a inconsistência nem sempre torna um sistema inútil, que a consistência nem sempre é o objetivo mais importante de uma investigaçãoe que pode ser totalmente irrazoável supor que os seres humanos serão capazes de chegar a uma visão de mundo que seja ao mesmo tempo adequadamente rica e completamente consistente. Nada disso visa a mostrar que a lei denão contradição é falsa. Mas se correto, isso certamente parecerá mostrar que os seres humanos precisam inevitavelmente viver suas vidas intelectuais nas proximidades do absurdo.

O terceiro capítulo, "A razão pura e suas ilusões", recorre à noção kantiana de ilusão dialética. Sua *Crítica da Razão Pura* começa com essas palavras:

> A razão humana tem o destino peculiar, em um determinado domínio de seu conhecimento, de se ver atormentada por questões que não pode ignorar, pois lhe são impostas por sua própria natureza, mas às quais, por transcenderem todos os seus poderes, também não é capaz de responder.[10]

Quando fala em "um determinado domínio" do conhecimento humano, Kant tem em mente a tradicional metafísica *a priori*, ou seja, uma tentativa de delinear as características fundamentais do universo empregando tão somente métodos puros (isto é, não empíricos). De acordo com Kant, está embutido em nossas faculdades racionais exigir essa explicação puramente racional do universo, mas, ao mesmo tempo, nossas faculdades são tais que jamais seremos ca-

---

10 Kant, 1953, p. 7, (p. 29).

pazes de satisfazer essa exigência. Para Kant, a única forma de nos livrarmos dessa obrigação é entender e reconhecer os limites inerentes às nossas faculdades racionais e, tendo fixado os seus limites, restringir nossos esforços intelectuais a tarefas dentro de nosso poder. Mas, como Kant viu, as exigências da razão não são facilmente subjugadas e, se não pudermos satisfazê-las legitimamente, a razão dará à luz frutos ilegítimos e encontrará sua satisfação neles. Desse modo, a mente humana gera o que Kant chama de ilusões metafísicas ou dialéticas – uma ideia de importância central para esta obra.

Kant viu que uma busca sem fim por razões últimas gera ilusões metafísicas ou dialéticas que, embora completamente sem fundamento, podem chegar a dominar o pensamento humano. Kant também viu outra coisa: aqueles que aceitam os ideais ilusórios dos metafísicos, mas desesperam de satisfazê-los, serão inevitavelmente levados a um ponto de vista radicalmente negativo – ceticismo, relativismo, perspectivismo ou similares. Com relação ao ceticismo, Kant diz que "o ceticismo, na sua origem primeira, surgiu da metafísica e sua dialética anárquica".[11] O ceticismo, no entanto, é apenas uma das atitudes negativas que desejos metafísicos frustrados podem gerar. Várias formas de relativismo radical ou, como poderíamos chamá-lo, relativismo absoluto podem surgir da mesma forma, como surgiram com frequência no pensamento pós-moderno. O que Kant viu, embora isso muitas vezes passe despercebido, é que aqueles que defendem os assim chamados absolutos e aqueles que adotam várias formas de relativismo absoluto *compartilham* um compromisso com um ideal racionalista. Aqueles que pensam que esse ideal racionalista pode ser satisfeito pendem para um lado; aqueles que pensam que ele não pode pendem para o lado oposto. Na oscilação do ideal racionalista, nenhum meio termo parece possível nenhum é tolerado. Deixada por sua conta, a razão se polariza em posições extremas, cada uma insustentável à sua maneira, ganhando

---

11 Kant 1950, p. 99 (p. 144)

toda a força – mais uma vez, como Kant viu – da insustentabilidade de sua oposta.

O quarto capítulo trata do ceticismo. Pode-se entender a noção de cético de várias maneiras e distinguirei com algum cuidado as várias formas que o ceticismo pode assumir. Informalmente, ser cético sobre alguma coisa é ter dúvidas sobre ela. Por exemplo, alguns economistas poderiam ser céticos a respeito da continuação do rápido crescimento econômico. Como céticos, não negam que o rápido crescimento econômico continuará; eles somente pensam que não há razões adequadas para afirmar sua continuidade. A esse respeito, céticos são pessoas modestas. Mas outras pessoas talvez achem a modéstia cética incômoda, pois seu convite à suspensão da crença pode apresentar-se como um desafio para compromissos sustentados de maneira intensa. O cético quanto à religião (ou agnóstico) pode aparentar ser tão ameaçador à religião quanto o ateu – de fato, algumas pessoas têm dificuldade em distinguir um do outro. Mas mesmo que o cético não seja sempre um convidado bem-vindo em um jantar, uma certa medida de ceticismo é um componente essencial de uma vida racional. Uma vida da razão é uma vida baseada em razões e isso envolve a avaliação das razões, separando as boas das ruins, as adequadas das inadequadas e assim por diante. Sem essa atitude crítica, a inovação (por exemplo, nas ciências) não seria possível. É, ou pelo menos deveria ser, um dos objetivos principais da educação instilar atitudes céticas saudáveis nos estudantes.

Há, contudo, um risco em desenvolver atitudes céticas ou críticas: elas podem sair do controle. Muitas de nossas instituições (políticas, sociais, morais, religiosas) não se saem bem quando submetidas ao escrutínio crítico ou cético. O ceticismo raramente se posiciona ao lado do sistema e, por isso, é considerado perigoso. Aqui, porém, não estou preocupado com os constrangimentos que uma atitude cética pode causar aos que estão no poder. A dificuldade com que nos preocuparemos é que o ceticismo, embora um componente essencial da racionalidade, tem o que parece ser uma tendência inerente de se tornar ilimitado em sua abrangência, resultando na destruição do edifício da racionalidade. Aqui o ceticismo não é, como no caso notado por Kant, o resultado de uma batalha dialética sem fim entre posições metafísicas rivais; ele começa com nossos critérios comuns e bem razoáveis para julgar. Quando se dá uma aplicação ilimitada a esses critérios, eles destroem todo o conhecimento ao redor deles. Especificamente, quando voltamos livremente nossas faculdades críticas para as supostas fontes do nosso conhecimento, o resultado inevitável é uma versão extrema de ceticismo. Não sei quem teve primeiro essa ideia, mas David Hume a viu com perfeita clareza.

> É impossível, com base em qualquer sistema, defender seja nosso entendimento, sejam os sentidos, e somente os desprotegemos mais quando tentamos justificá-los dessa maneira.[12]

Quando tentamos defender "seja nosso entendimento, sejam os sentidos", acabamos fazendo perguntas do seguinte tipo:

> Como posso saber que existe um mundo externo à minha própria mente?
> Mesmo que eu possa saber que existe um mundo externo, como posso saber o que ele realmente contém?
> Como posso racionalmente estar seguro de que o futuro se assemelhará ao passado?
> Como, mesmo em princípio, pode a confiabilidade da memória ser estabelecida?

Grande parte da filosofia moderna, ou seja, a filosofia desde o século XVII, foi uma tentativa de responder a esses desafios céticos. A meu ver, quando considerados em si mesmos, nenhuma resposta sa-

---

12 Hume 1978, p. 218 (p. 251)

tisfatória foi encontrada para qualquer um deles. Penso que é pouco provável que alguma resposta adequada será encontrada no futuro. Esta última observação não é um conselho desesperado, baseado no fracasso repetido em dar respostas adequadas aos vários desafios céticos. Cheguei à conclusão de que os desafios céticos do tipo acima enumerado mostram claramente a impossibilidade de serem respondidos – pelo menos é como me aparecem.

Parece, pois, que a razão, quando busca seus ideais de maneira completa, inevitavelmente levará ao paradoxo e à incoerência (capítulo 2), às ilusões dialéticas de sabor absolutista ou relativista (capítulo 3) ou a um ceticismo que aniquila inteiramente o empreendimento racional (capítulo 4). Dada essa explicação sombria do "destino da razão", é natural perguntar como a vida cotidiana é protegida de sua devastação? Ora, inquietações filosóficas às vezes realmente se intrometem na vida cotidiana – na alienação adolescente, por exemplo. Preguiça intelectual e estupidez podem ter seu papel em nos manter longe do perigo. Ignorância, como se diz, é uma bênção. Contudo, um apelo à estupidez deixa sem resposta uma pergunta fundamental: dada nossa condição precária como agentes intelectuais, como podemos explicar nossas progressivas conquistas intelectuais, por exemplo, nas ciências naturais? Há, de fato, pensadores avançados que negam a ocorrência de tal progresso. Thomas Kuhn disse algumas coisas que sugerem isso. Vários hiper-kuhnianos ganham a vida dilatando sua negação do progresso científico. Eles fornecem um paradigma de uma razão enlouquecida e, portanto, gerando resultados negativos fortes. Eles também exibem a deliciosa ironia de pessoas escrevendo que o progresso na ciência é uma ilusão quando o computador sob as pontas de seus dedos refuta as próprias ideias que estão escrevendo nele.

Mas a pergunta permanece: como se pode impedir a razão de causar sua própria desgraça? Quais são as precauções adequadas e necessárias para impedir que isso ocorra? Os capítulos finais oferecem um número de sugestões modestas sobre como essa desgraça poderia ser evitada. A modéstia, a cautela e o caráter tentativo dessas sugestões farão com que estas sejam imediatamente rejeitadas por aqueles imersos em controvérsias dialéticas. De maneira mais geral, essas sugestões serão tratadas com desprezo por aqueles comprometidos com o ponto de vista profundamente equivocado e certamente perigoso expresso no Apocalipse 3:15-16:

> Conheço tuas obras, não és nem frio nem quente. Quem dera fosses frio ou quente. Assim, porque és morno, e nem frio ou quente, vou te vomitar de minha boca.

CAPÍTULO 1
Por que obedecer às leis da lógica?

Uma consistência tola é o fantasma das mentes pequenas, adorado pelos pequenos estadistas e filósofos e teólogos. Com a consistência, uma grande alma é simplesmente incompatível.
Ralph Waldo Emerson, "Autoconfiança"

Eu me contradigo?
Muito bem, então... eu me contradigo
Eu sou amplo... eu contenho multidões.
Walt Whitman, "Canção de Mim mesmo".

A lei de não contradição [nos diz que] o mundo verdadeiro... não pode contradizer-se a si mesmo, não pode mudar, não pode devir, não tem nenhum começo nem fim. Esse é o maior erro que já foi cometido.
Friedrich Nietzsche, *A vontade de Poder*, §584

O homem é um animal racional.

Atribuída a Aristóteles Até onde sei (e um pouco para minha surpresa), Aristóteles nunca diz de fato que o homem é um animal racional. No entanto, ele praticamente diz isso. Aristóteles defendia que a racionalidade é a característica que distingue os seres humanos de todos os outros animais. Com isso, ele não queria dizer que os seres humanos sempre, ou mesmo comumente, pensam e agem racionalmente. Ele era sábio. Como outros animais, os seres humanos também têm desejos e apetites, e estes, se não domados adequadamente pela razão, podem produzir crenças irracionais e maneiras de agir irracionais. Para Aristóteles, nossa dupla natureza – a saber, que somos criaturas racionais de algumas maneiras e criaturas irracionais de outras –reflete-se na necessidade de dois tipos de virtudes: as intelectuais e as morais. As virtudes intelectuais dizem respeito à capacidade da mente de adquirir conhecimento ou, quando este não é possível, pelo menos adquirir crenças bem-fundamentadas. As virtudes morais dizem respeito à capacidade de a razão governar desejos e apetites de modo que os mantenha dentro de limites adequados. Na medida em que tem esses dois tipos de virtude, uma pessoa levará uma vida humana exemplar. Um elitista, Aristóteles acreditava que essa possibilidade estava completamente aberta a muito poucos e, mesmo a esses poucos, era difícil atingi-la.

A explicação aristotélica das virtudes intelectuais é complexa e multifacetada, mas uma de suas ideias centrais é que o pensamento, para ser racional, deve se conformar às leis da lógica.[1] Para mencionar o principal caso de violação de uma lei da lógica: não é racional defender crenças inconsistentes ou incompatíveis; por exemplo, não é racional defender que Deus é onipotente e que não é onipotente. Para dar um exemplo menos óbvio: não é racional afirmar que um ser onipotente, um ser com poder ilimitado, poderia criar um objeto tão pesado que

---

[1] Aristóteles, em seu esforço para entender as leis da lógica, praticamente sozinho, ao que parece, criou a ciência da lógica, uma realização intelectual verdadeiramente impressionante.

não pudesse ser levantado. Fazer qualquer uma dessas afirmações viola um dos princípios fundamentais da racionalidade: a *lei de contradição* ou, como é mais racionalmente chamada agora, a lei de *não* contradição. Tradicionalmente, muitos filósofos (Aristóteles entre eles) consideraram a lei de não contradição como o mais profundo e mais fundamental princípio da racionalidade. Abandonar esse princípio é abandonar a própria razão e, se Aristóteles estiver certo, abandonar a principal característica que nos separa de todos os outros animais.

Contudo, como as três citações acima mostram, nem todos trataram a lei de não contradição com respeito. Tanto Emerson quanto Whitman se recusaram a ser limitados por ela e Nietzsche, do seu jeito hiperbólico usual, chega ao ponto de chamá-la "o maior erro que alguma vez foi cometido". Essas três personalidades não estão sozinhas em rejeitar a lei de não contradição. Pode-se encontrar a voz do antirracionalismo em fragmentos dos antigos filósofos pré-socráticos, reaparecendo dois milênios e meio depois, nos escritos de muitos pós-modernistas. O estatuto da lei de não contradição é o campo de batalha supremo no qual as forças tradicionais do racionalismo e antirracionalismo têm se enfrentado. Um exame dessa lei e das batalhas que a têm cercado servirá como nosso ponto de partida: primeiro, por causa de seu caráter fundamental; e, segundo, porque esse exame fornece um paradigma de um desacordo radical dirigido por um mal-entendido subjacente compartilhado.

Primeiro, o que é a lei de não contradição? Enunciada com exatidão, mesmo que sem elegância, vem a ser isto:

> Não é o caso de alguma coisa ser e não ser o caso ao mesmo tempo.[2]

---

2   As tradicionais três grandes leis fundamentais da lógica são completadas por outras duas: a lei da identidade (todas as coisas são idênticas a si mesmas) e a lei do terceiro excluído (alguma coisa ou é o caso ou não é o caso). Exceto por alguns apartes, não considerarei essas leis, mas me concentrarei na lei de não contradição.

Aqui, uma notação elementar trará à tona a estrutura simples da lei de não contradição. Se "~" significar "não é o caso de" e "&" significar (de maneira razoável) "e", a lei de não contradição tem a seguinte forma:

$$\sim (p \mathbin{\&} \sim p)$$

A afirmação é esta: considere qualquer proposição que você quiser – o assunto dela não importa, nem (como veremos) sua veracidade –, substitua ambos os *p* por ela e o resultado sempre será uma proposição verdadeira. Por exemplo, se igualarmos *p* a *Chumbo é mais pesado que alumínio* (e é), obteremos a verdade:

1. Não é o caso de o chumbo ser (ao mesmo tempo) mais pesado que o alumínio e não ser mais pesado que o alumínio.

Esse princípio permanece verdadeiro mesmo se substituirmos *p* por alguma coisa falsa; por exemplo, se igualarmos *p* a *Chumbo é mais pesado que urânio* (mas não é), teremos:

2. Não é o caso de o chumbo ser (ao mesmo tempo) mais pesado que o urânio e não ser mais pesado que o urânio.

Porque a verdade da proposição que substituímos por *p* não faz diferença para a veracidade tanto do enunciado 1 quanto do enunciado 2, deve estar claro que suas verdades não dependem de maneira nenhuma do peso real desses três metais. De modo mais genérico, não importa *do que* estamos falando quando inserimos proposições nesse modelo. O princípio se aplica tão bem a narcisos silvestres, números e móveis quanto aos metais. Temos, então, um princípio que se aplica com perfeita generalidade. A lei de não contradição considera qualquer proposição, seja qual for o seu assunto, seja verdadeira ou falsa, e gera, a partir dela, uma proposição que é sempre verdadeira.

Explicar a lei de não contradição dessa maneira pode fazê-la parecer completamente trivial. Alguém poderia se perguntar por que tanta confusão; é óbvio que todo enunciado tendo a forma da lei de não contradição terá de ser verdadeiro. Isso é absolutamente certo! Notar essa trivialidade, porém, tem a seguinte consequência importante: se se violar a lei de não contradição, afirmando algo na forma de "É o caso de p e também é o caso de não p ao mesmo tempo", ter-se-á dito algo trivialmente (obviamente, tediosamente, estupidamente) falso. Considerado dessa maneira, o ultrairracionalismo se torna entediante.

Se isso está correto, e parece estar, como explicamos o impulso encontrado em tantas pessoas historicamente importantes para rejeitar a lei de não contradição e para achar de crucial importância rejeitá-la? A resposta, creio, é que o estatuto da lei de não contradição tem sido persistentemente mal compreendido. Em vez de ser vista como verdadeira mas trivial, ela é considerada uma falsidade poderosa e perigosa. Pavimenta-se o caminho para a má-compreensão ao enunciar a lei de não contradição numa forma ontologicamente mais robusta, por exemplo:

> Um fato não pode existir e não existir (ou ocorrer e não ocorrer).

Ou como Aristóteles a formulou:

> O mesmo atributo não pode, ao mesmo tempo, pertencer e não pertencer ao mesmo sujeito sob o mesmo aspecto.[3]

Esse princípio, com sua referência a fatos e atributos, parece colocar restrições sobre a forma que a própria realidade pode tomar. Expressa dessa maneira, a lei de não contradição parece excluir certas possibilidades e parece excluí-las da maneira mais forte possível. Isso pode sugerir que a lei de não contradição, longe de ser uma

---

3   Aristóteles, 1984, 4.3.1005b19-20.

trivialidade, é a mais fundamental, a mais abrangente e a mais restritiva de todas as leis. A lei de não contradição agora parece ser uma super lei governando a realidade em seus aspectos mais fundamentais. Como Aristóteles disse, esse princípio é verdadeiro para o "ser *enquanto* ser".[4]

Essa maneira de interpretar a lei de não contradição é completamente natural e também profundamente equivocada. É o resultado de aceitar uma imagem bastante enganadora de várias leis que operam com vários níveis de restrição.[5] No nível inferior de restrição, como se conta a história, estão as leis humanas ou os decretos humanos. Sendo comandos, essas leis podem ser infringidas, embora frequentemente seja considerado errado infringi-la e possamos ser punidos se descobertos. Acima dessas leis no grau de restrição estão as leis físicas, por exemplo, a lei da gravidade. Ao contrário das leis humanas, essas leis não podem ser infringidas – exceto, talvez, se Deus as revogar para produzir um milagre. Mas, mesmo se não podem ser infringidas, as leis físicas ainda são, como se diz, leis *contingentes*. O universo é de fato governado por certas leis físicas, mas poderia ter sido governado por outras leis físicas ou, talvez, não ter sido governado por lei física nenhuma. É essa característica da contingência que supostamente coloca as leis físicas abaixo das leis lógicas em rigor: as leis lógicas governam o mundo não contingentemente mas, como se diz, *necessariamente*.

---

4 Aristóteles, 1984, 4.3.1005a24-25.

5 A noção de que uma concepção filosófica falsa ou mesmo sem-sentido pode se impor a nós por meio de nossa tendência a adotar uma imagem defeituosa de como nossa linguagem funciona é uma das ideias principais de Ludwig Wittgenstein. Refletindo sobre os erros encontrados em seus próprios trabalhos mais antigos, ele observa:
"Uma *imagem* nos mantinha presos. E não pudemos dela sair, pois residia em nossa linguagem e a linguagem parecia repeti-la para nós inexoravelmente". Wittgenstein, 1958, §115
Neste capítulo, estou tentando descrever, ou, pelo menos, esboçar, a imagem que leva as pessoas a entenderem mal o estatuto da lei de não contradição.

O pensamento de que as leis da lógica – em particular a lei de não contradição – valem necessariamente sofre uma guinada curiosa quando se afirma que até Deus está limitado pela lei de não contradição. Por exemplo, nem mesmo Deus poderia criar um quadrado de três lados. (Chamar um triângulo de quadrado não funciona.) Em todo caso, se considerarmos a lei de não contradição uma super lei (meta)física, veremos porque não devemos sair por aí nos contradizendo, pois contradizê-la é entrar em conflito com o universo em seu aspecto mais fundamental (talvez até limitador de Deus).

Talvez possamos ver agora por que as pessoas às vezes estão inclinadas a rejeitar a lei de não contradição: pensam que a lei de não contradição está ligada à imagem de leis acima esboçada e recusam-se a crer que o mundo se conforma a essa imagem. Uma razão, talvez a mais importante, para rejeitarem essa imagem é que elas sustentam que um mundo governado pelas leis rigorosas e imutáveis da lógica não deixa espaço para a mudança (criatividade, agência, ação, progresso, diversão). Por razões simbólicas, chamarei os que adotam essa posição de heraclitianos.[6] Os heraclitianos sustentam que o fluxo, ou mudança radical, em vez da estrutura lógica inalterável, é a característica fundamental da realidade. Para os heraclitianos, nada é estável e imutável. Claro, certas coisas podem *parecer* estáveis, mas no fundo tudo é fluxo. Não se pode entrar no mesmo rio duas vezes.

Aqui, então, está uma razão para rejeitar a lei de não contradição: a lei de não contradição, pensa-se, é incompatível com a mudança real, mas a mudança é real – de fato, representa o aspecto mais fundamental da realidade. Se isso é verdade, então a lei de não contradição representa incorretamente o mundo em seus aspectos mais fundamentais.[7] Mais de dois mil anos depois, Nietzsche, que em vá-

---

6   Heráclito de Éfeso, um antigo pré-socrático (c. 500 a. C.), é famoso por empregar a metáfora de que o mundo é composto de fogo.

7   Alguns especialistas na filosofia clássica negam que Heráclito rejeitou a lei de não contradição. Mas Aristóteles, assim como outros comentadores antigos, pensou que Heráclito arejeitou. Em todo caso, mesmo se Heráclito não sirva

rios lugares elogia Heráclito, adotou a visão heraclitiana de mundo, vinculando-a explicitamente à rejeição da lei de não contradição.[8] Essa é a ideia da passagem citada no cabeçalho deste capítulo.

> A lei de não contradição [nos diz que] o mundo verdadeiro... não pode contradizer-se a si mesmo, não pode mudar, não pode devir, não tem nenhum começo nem fim.

Opostos aos heraclitianos, estão aqueles que partilham essa imagem da lei de não contradição como super-restritiva e, então, raciocinando no sentido oposto, concluem que a mudança é impossível. Tomarei Parmênides como representante simbólico desse ponto de vista.[9] Os parmenidianos sustentaram que o real, ou pelo menos o realmente real, é racional e, por essa razão, uno e imutável. Esse pacote de racionalidade, realidade, unidade e imutabilidade é uma característica persistente da filosofia ocidental. Chamar alguma coisa de imutável ainda é uma coisa laudatória para se dizer dela. O Deus judaico-cristão-islâmico é dito imutável. (Os deuses gregos não eram imutáveis, nem os deuses hindus – por isso, são mais

---

aos nossos propósitos simbólicos, seu seguidor Crátilo, o qual superou seu mestre ao dizer que não se entra no mesmo rio nem sequer uma vez, servirá. De acordo com Aristóteles, Crátilo estava tão profundamente comprometido com a doutrina da mudança sem fim ou fluxo universal, que ele achava impossível afirmar qualquer coisa, sustentando que os significados das palavras no início de uma frase mudariam antes que a frase fosse completada. Crátilo, novamente segundo Aristóteles, reduziu-se assim a apontar o dedo para as coisas quando estas passavam. Aristóteles, 1984, 4.5.1009a7-16.).

8 Por exemplo, Nietzsche elogia Heráclito em "Crepúsculo dos Ídolos". Cf., Nietzsche, 1969, p. 480.

9 Parmênides de Eléia (c. 480 a. C.), como Heráclito, era um antigo pré-socrático. Pouco sobreviveu de seus escritos, mas, tradicionalmente, ele foi associado com a visão de que o mundo, em seus aspectos realmente reais, é uno, perfeito e imutável. Seu estudante Zenão (c. 470 a. C.) famosamente produziu uma série de paradoxos que pretendiam mostrar a impossibilidade da mudança ou do movimento.

divertidos). Alguns ainda buscam verdades imutáveis como fundamento para a ética e para as formas de governo. Diferentemente dos Rolling Stones (heraclitianos paradigmáticos), muitas pessoas se sentem desconfortáveis com as coisas que "mudam a cada dia".[10] Não perdemos nosso gosto pela imutabilidade, mesmo nesta era científica. Embora a evolução cósmica e biológica pareçam fatos inegáveis, esperamos (supomos, exigimos) que as leis subjacentes a essas mudanças sejam imutáveis. Uma lei da natureza que muda com o tempo não poderia, exatamente por essa razão, ser uma verdadeira lei da natureza.[11]

É interessante examinar as maneiras pelas quais os filósofos tentam encontrar um meio termo ou uma conciliação entre essas orientações extremas, a parmenidiana e a heraclitiana. A divisão é uma estratégia favorita: uma parte do universo é considerada parmenidiana; a outra, heraclitiana. Para Platão, o mundo inteligível – o mundo das formas eternas e imutáveis – é parmenidiano. O mundo das aparências – o mundo do fluxo no qual habitamos – é heraclitiano. Uma imagem similar aparece no *Tractatus* de Wittgenstein, no qual questões de fatos incertos, desregrados e completamente sem valor se mostram dentro de uma estrutura lógica eterna e imutável. Hegel tenta misturar esses elementos opostos em um todo sintético, declarando:

> A verdade é [uma] orgia báquica, na qual nenhum membro está sóbrio; e porque cada membro, ao se separar, *eo ipso* se dissolve imediatamente, essa orgia é igualmente um estado de repouso transparente e ininterrupto.[12]

---

10 Como em: "Adeus, Ruby terça feira, / quem poderia pôr um nome em você? / Quando você muda a cada dia..."

11 A mudança mais extrema no curso da natureza seria esta deixar de existir por completo – uma possibilidade sustentada por teólogos e, como me foi dito, por cosmólogos contemporâneos.

12 Hegel, 1931, p. 105. (p. 46)

Por meio dessa manobra notável, Hegel adota a visão parmenidiana de que o real é racional, ao mesmo tempo em que rejeita a lei de não contradição.

A meu ver, é possível ler a história da filosofia como uma série de conflitos e acomodações entre a visão parmenidiana e a visão heraclitiana. No momento, Heráclito parece estar recebendo mais atenção do que Parmênides, pelo menos entre pensadores avançados. Historicamente, Parmênides saiu-se melhor. As modas mudam. É importante, no entanto, ver que, apesar de suas profundas diferenças, esses adversários primordiais compartilham um dogma fundamental:

> Se a lei de não contradição é verdadeira, então a mudança (a mudança real) não é possível.

Qualquer um que aceite esse condicional será forçado a escolher entre a lei de não contradição e a realidade da mudança. Optando pela lei de não contradição, os parmenidianos rejeitam a mudança. Optando pela mudança, os heraclitianos rejeitam a lei de não contradição. Observe-se, aliás, que essas visões compartilham igualmente o charme de serem totalmente escandalosas. Ao contrário do que diz Zenão, o estudante de Parmênides, Aquiles pode pegar a tartaruga. Ao contrário de Heráclito, pode-se entrar no mesmo rio duas vezes – três ou quatro, se se quiser. De algum modo, esses fatos óbvios foram rebaixados para fatos aparentes e, em seguida, descartados completamente.

Minha sugestão, então, é que a disputa perene entre os heraclitianos e os parmenidianos é guiada pela visão compartilhada de que a lei de não contradição é incompatível com a mudança. Como quebraremos o feitiço dessa ideia? Como notado, isso não pode ser feito apenas citando fatos óbvios. Correr não moverá um parmenidiano; ficar parado não parará um heraclitiano. Em vez disso, é preciso mostrar que a analogia entre as leis físicas e as leis lógicas (vistas como super leis físicas) está totalmente equivocada. Esse será nosso próximo tópico.

***

No começo do século XX, Ludwig Wittgenstein estava preocupado com o estatuto das leis da lógica. Ele se ocupava com questões do seguinte tipo:

> Se são verdadeiras, as leis lógicas são verdadeiras a respeito de quê?
> Existem fatos lógicos que tornariam verdadeirasas proposições lógicas assim como existem fatos físicos que tornam verdadeiras as proposições físicas?
> Se sim, como seria um fato lógico?

No dia de Natal de 1914, Wittgenstein foi visitado por uma epifania que ele pensou ter mostrado o caminho para responder a todas essas perguntas. Ele escreveu em seu diário:

> Minha ideia básica é que as constantes lógicas não são substitutos [representantes].[13]

Para ver o que Wittgenstein tinha em mente com essa observação enigmática, podemos olhar novamente para a forma esquemática da lei de não contradição:

> Não é o caso de que (ambos) é o caso que p e não é o caso que p.

Ou simbolicamente:

> $\sim (p \;\&\; \sim p)$

---

[13] Wittgenstein, 1961, p. 37. Por constantes lógicas, Wittgenstein tinha em mente expressões lógicas como "e", "ou", "Se…, então…", "todos", "alguns", e assim por diante.

Essa expressão fornece um padrão ou esquema para um número infindável de proposições, todas as quais vêm a ser verdadeiras, qualquer que seja a proposição que insiramos no lugar da variável *p*. Dado que, como vimos, o conteúdo de *p* pode variar indefinidamente sem afetar a verdade do enunciado resultante, parece razoável supor que o trabalho de garantir a veracidade das proposições que se conformam a esse padrão precisa ser feito pelas duas palavras que não variam, a saber, as palavras "e" e "não". Mas o que essas palavras *significam* – o que elas *substituem*? A ideia notável de Wittgenstein – ele a chamou de sua "ideia fundamental"– foi que essas palavras, embora significativas, não adquirem seu significado *representando*, *substituindo* ou *referindo* a algum tipo de entidade.[14] Elas não substituem nada no mundo, na mente ou em nenhum outro lugar. Elas são termos não referentes. Isso é o que Wittgenstein tinha em mente quando disse que constantes lógicas – palavras como "e" e "não"– não são *representativas*.

A noção de que o significado de uma palavra é a coisa ou a ideia que ela substitui está profundamente enraizada. Parece simplesmente óbvio a muita gente que uma palavra que não substitua ou represente alguma coisa deva ser um símbolo morto – uma mera marca em um papel, portanto sem significado.[15] Por mais enraizada ou natural que essa visão possa parecer, Wittgenstein veio a pensar que era um preconceito – um preconceito que tem sido a fonte de uma confusão sem fim. Com efeito, Wittgenstein chegou a esse resultado deixando de lado a pergunta "O que palavras como 'e' e 'não' substituem?" e fazendo uma pergunta melhor: "Como esses

---

14 Wittgenstein, 1961, proposição 4.0312: "Minha ideia fundamental é que as 'constantes lógicas' não são representativas; que não pode haver representantes da *lógica* dos fatos".

15 Há algo correto nessa afirmação de que símbolos significativos são mais do que marcas no papel ou vibrações no ar. O que está errado é a suposição de que todas as palavras recebem seus significados essencialmente da mesma maneira em que os nomes o recebem – referindo-se às coisas ou substituindo-as.

termos contribuem para o significado das frases completas em que eles ocorrem?".

Podemos começar com o "não"– negação. Podemos ficar completamente perplexos se nos perguntarmos o que essa palavra substitui. Ela substitui o nada, o não ser? Se sim, que tipo de coisas eles são? O nada realmente existe, e, caso exista, será ele realmente um nada? Perguntas desse tipo podem soar profundas ou tolas dependendo do seu humor ou temperamento filosófico. O céu clareia de uma só vez, se deixarmos de lado a questão "o que essa palavra significa?" e fizermos uma pergunta bem diferente:

> Começando com alguma proposição *p*, o que acontece se construirmos sua negação usando a palavra "não"?

A negação de uma proposição pode ser construída de várias formas, como, por exemplo, colocando a palavra "não" no lugar adequado, em frente a seu verbo principal. Se se quer soar como um lógico, pode-se colocar a expressão "não é o caso que" na frente de toda a frase. Há outras maneiras de negar uma frase também, mas, independentemente de como se alcança a negação, conseguimos o seguinte resultado:

> Se uma proposição é verdadeira, então a proposição que resulta da sua negação é falsa; e se uma proposição é falsa, a proposição que resulta da sua negação é verdadeira.

Wittgenstein capturou essa ideia ao introduzir o que veio a ser conhecido como a definição da negação por tabela de verdade. Usando o símbolo para a negação introduzido anteriormente, a definição por tabela de verdade parece assim:

P	$\sim p$
V	F
F	V

É importante ver que nada esotérico (ou oculto) está acontecendo aqui. A coluna da esquerda indica os dois valores de verdade que uma proposição pode ter: ela pode ser verdadeira ou ela pode ser falsa. A segunda coluna indica o que acontece quando uma proposição é negada; seu valor de verdade é invertido. A negação, poderíamos dizer, é uma inversora do valor de verdade.

Se nos perguntarmos agora o que dá à negação o poder de inverter valores de verdade dessa maneira, Wittgenstein diz (com efeito) que essa pergunta é mal concebida. Para ele, o significado da palavra "não" consiste em sua capacidade de inverter valores de verdade. Esse é seu trabalho – e consequentemente seu significado – em nossa língua.[16] Foi preciso a intuição de um gênio para ver que a definição da negação deveria tomar essa forma, pois essa definição por tabela de verdade não se parece em nada com as definições que comumente se oferecem para nomes, verbos e assim por diante. Essa diferença na forma reflete o papel especial que as palavras lógicas desempenham em nossa linguagem. Reconhecer a adequação de usar tabelas de verdade para definir certos termos lógicos representou um avanço fundamental em lógica. Também foi um primeiro passo importante para quebrar o feitiço de uma visão simples demais da maneira como a linguagem funciona.[17]

Tendo dado uma definição por tabela de verdade da negação, podemos nos voltar agora para a conjunção. Uma conjunção de duas

---

16 Alguns podem pensar que, ao equacionar o significado de uma expressão com o trabalho que ela realiza, estou atribuindo aos escritos iniciais de Wittgenstein uma visão que só se encontra em seus escritos posteriores. Isso está errado. A ruptura inicial de Wittgenstein com uma concepção puramente referencial da linguagem ocorre primeiro no *Tractatus* com relação a termos lógicos e números. Em seus escritos posteriores, Wittgenstein expande esse ataque à concepção referencial da linguagem, resultando na rejeição de boa parte do próprio *Tractatus*. Discuto essas questões em *Wittgenstein* e em "A crítica de Wittgenstein à filosofia".

17 Infelizmente, quando introduzem definições por tabela de verdade, autores de manuais de lógica raramente comentam sobre seu significado filosóficoprofundo.

proposições é verdadeira somente se as duas proposições combinadas forem verdadeiras; senão é falsa. Eis a definição da conjunção por tabela de verdade:

p	q	$p \, \& \, q$
V	V	V
V	F	F
F	V	F
F	F	F

Aqui, as duas primeiras colunas da tabela de verdade mostram todas as combinações possíveis dos valores de verdade para p e q; a terceira coluna mostra o valor de verdade da conjunção para cada combinação. Refletindo a ideia subjacente de conjunção, apenas a primeira linha é assinalada como verdadeira; as outras são assinaladas como falsas. De novo, a originalidade dessa definição não repousa nos valores particulares que atribuímos à conjunção nessa tabela de verdade – isso deveria parecer trivial. A importância consiste em tomar essa tabela de verdade como uma *definição* da conjunção.

Com as definições da negação e da conjunção por tabela de verdade em mãos, estamos agora em posição de olhar para a lei de não contradição com olhos novos (esperemos, livres de distorções). Especificamente, estamos agora em posição de lidar com a pergunta "O que torna a lei de não contradição verdadeira?" ou "Em virtude de que ela é verdadeira?" A tabela de verdade adequada da lei de não contradição é assim:

A	B	C	D
p	$\sim p$	$p \, \& \sim p$	$\sim (p \, \& \sim p)$
V	F	F	V
F	V	F	V

De novo, nada esotérico está acontecendo. Movendo-nos ao longo de três etapas, construímos uma tabela de verdade para a lei de não contradição. A coluna A dá os dois valores de verdade possíveis para *p* (V ou F). Na coluna B, construímos ~*p* ao inverter os valores de verdade de *p*. Na coluna C, combinamos *p* e ~*p*. Dada a definição da conjunçãopor tabela de verdade, sabemos que essa combinação deve ser falsa independentemente do valor de verdade atribuído a *p*. (Assim, na coluna C, construímos um padrão para uma autocontradição explícita). Na coluna D, nós simplesmente negamos a fórmula na coluna C, produzindo, consequentemente, o padrão para a lei de não contradição. Dada a tabela de verdade para a negação, o resultado é que os valores de verdade na coluna C são invertidos na coluna D – quando eram originalmente falsos, todos eles agora são verdadeiros.

Temos agora algo bastante simples para dizer ao heraclitiano, que não vê nada de errado em afirmar uma contradição explícita. Como a coluna C indica, independentemente do assunto da observação, o heraclitiano deve estar dizendo algo falso. Pensar de outra forma é sofrer de uma forma curiosa de ignorância linguística sobreas palavras "não" e "e".Willard Quine explica assim: "Afirmar um composto da forma '*p* e não-*p*' é tão somente ter aprendido errado uma ou ambas [d]essas partículas".[18] Mas mesmo que constranja o heraclitiano, isso dá pouca ajuda ou conforto ao parmenidiano, pois agora a lei de não contradição emerge como uma tautologia infértil – uma verdade puramente formal ou vazia. Para variar um dos exemplos de Wittgenstein, ouvir que não é o caso que está chovendo e que não está chovendo não é ouvir nada sobre o clima – ou sobre qualquer outra coisa.

Se essa explicação está correta, a imagem da lei de não contradição como uma superlei da realidade foi solapada. A lei de não contradição, ao invés de impor restrições definitivas à realidade, *não* impõe restrição nenhuma. Ademais, vemos agora que a concepção compartilhada por heraclitianos e parmenidianos, que *a mudança é*

---

18 Quine. 1995, p. 23.

incompatível com a lei de não contradição, assenta-se num mal-entendido. O heraclitiano está errado em pensar que precisamos negar a lei de não contradição para afirmar a existência da mudança. O parmenidiano está errado em pensar que precisamos negar a existência da mudança para preservar a lei de não contradição. Ambos estão errados e errados pela mesma razão. Eles compartilham a concepção de que a mudança e a lei de não contradição são incompatíveis, quando, de fato, a lei de não contradição não tem peso na possibilidade de mudança de uma maneira ou de outra.

***

É hora de desacelerar, pois pode parecer agora que conseguimos fazer algo que Aristóteles (em conformidade com um grande número de outros filósofos) pensou que não se poderia fazer, a saber, dar uma prova ou demonstração da lei de não contradição. Porque está na base de toda demonstração, a lei de não contradiçãonão admite, pensou Aristóteles, prova ou demonstração.[19]A meu ver, Aristóteles está fundamentalmente certo a esse respeito e nada do que eu disse visa a negar isso. Embora possam nos ajudar a entender o estatuto da lei de não contradição, as definições por tabela de verdade não podem ser usadas para prová-la. A dificuldade é esta: ao construir essas definições por tabela de verdade, parecemos estartomando a lei de não contradição (ou algo próximo a ela) como certa. Para ver o problema, podemos olhar de novo a tabela de verdade da negação:

P	$\sim p$
V	F
F	V

---

19 Aristóteles, 1984, 4.3.1006a5-11.

Aqui, sem uma palavra de justificação ou explicação, simplesmente aceitamos como certo que uma proposição pode ser verdadeira e que uma proposição pode ser falsa, mas não consideramos a possibilidade de que ela pode ser *simultaneamente* verdadeira e falsa. Isto é, não levamos em consideração uma tabela de verdade do seguinte tipo:

P	~p
V	F
F	V
	V-F ?

Pode parecer óbvio que a terceira linha não representa uma possibilidade genuína, mas parece que qualquer tentativa de estabelecer essa impossibilidade vai, ela mesma, apoiar-se na lei de não contradição, a coisa mesma que estamos tentando provar. Então, parece que qualquer tentativa de demonstrar a lei de não contradição usando definições por tabela de verdade pressuporá a lei de não contradição e, nesse sentido, será circular.

Aristóteles não sabia nada das modernas definições por tabela de verdade. Seu argumento se baseava na afirmação geral de que a lei de não contradição é um pressuposto fundamental de *toda* demonstração e, portanto, não pode ser justificada por demonstração de uma maneira que não seja uma petição de princípio. A impossibilidade de usar tabelas de verdade para provar a lei de não contradição é tão somente uma ilustração clara da ideia geral de Aristóteles. Esse resultado pode parecer perturbador, pois agora pode parecer que temos de aceitar a lei de não contradição simplesmente como uma questão de fé. Nesse caso, não está claro como deveremos lidar com pessoas (Emerson, Whitman, Nietzsche, *et al.*) que põem sua fé em outro lugar.

Aqui, no entanto, Aristóteles vem em nosso resgate. Embora negue a possibilidade de dar uma prova ou demonstração positiva da lei de não contradição, ele sugere que a lei de não contradição poderia ser demonstrada "refutativamente".[20] Esse modo refutativo de demonstração procede da seguinte maneira: confrontado com alguém que deseja rejeitar a lei de não contradição, simplesmente esperamos que essa pessoa afirme ou negue alguma coisa e, então, perguntamos se faz alguma diferença se interpretamos a observação como uma afirmação ou uma negação. Se a pessoa rejeita a lei de não contradição, é difícil ver por que faria diferença interpretar de uma maneira ou de outra. Com efeito, quem rejeita a lei de não contradição está nos concedendo a seguinte permissão:

> Ao interpretar o que digo, você pode acrescentar a expressão "não é o caso que" na frente de qualquer frase que eu profira. Faça isso à vontade, pois não alterará de nenhuma maneira o significado do meu discurso.

Quem nega a lei de não contradição pode também anunciar o seguinte princípio hermenêutico que ele ou ela usa ao interpretar os proferimentos dos outros:

> Ao interpretar o discurso dos outros, eu aleatoriamente coloco a expressão "não é o caso que" na frente das frases que estou interpretando. Dado o tipo de interpretação em que estou empenhado, isso não altera de maneira nenhuma o seu significado.

De fato, se aceitarmos o princípio da lógica padrão, o de que tudo se segue de uma contradição, obteremos o seguinte princípio notável de interpretação:

---

20 Aristóteles, 1984, 4.4.1006a12-28.

Ao interpretar o discurso, você pode, como eu, substituir qualquer frase por qualquer outra frase, sem afetar o significado do que está sendo dito.[21]

Se esse não é o limite externo do "vale tudo", está certamente bem perto dele. Quem empregasse persistentemente a linguagem dessa maneira, seria tachado de louco – no sentido clínico do termo.

Terá alguém alguma vez aceitado esses princípios de interpretação? Bem, alguns místicos às vezes parecem ter aceitado. Alguns místicos parecem ter defendido que os atributos de Deus transcendem tanto a compreensão humana que é indiferente se aplicamos propriedades humanamente inteligíveis a ele/ela/isso ou não. Mas mesmo os místicos comumente têm o bom senso de restringir essas concepções ao místico – o qual, creem eles, transcende todas as formas de discurso. A maioria das pessoas, mesmo aquelas que adotam

---

21 A prova usual de que tudo decorre de uma contradição depende de três princípios aparentemente inatacáveis. O primeiro diz respeito à conjunção. Da conjunção $p \& q$, podemos inferir p e também podemos inferir q. O segundo diz respeito à disjunção: a partir de p, podemos inferir p ou q. O terceiro princípio também diz respeito à disjunção e é um pouco mais complicado: a partir de p ou q, junto com $\sim p$, podemos inferir q. Dadas essas três regras de inferência, a prova do princípio do espalhamento – o princípio de que tudo decorre de uma contradição – é simples e fácil:

$p \& \sim p$	
P	*O princípio da conjunção*
$p \lor q$	*O primeiro princípio da disjunção*
$\sim p$	*O princípio da conjunção novamente*
Q	*O segundo princípio da disjunção*

Porque q pode ser qualquer proposição, essa prova mostra que, se começamos com uma contradição, podemos derivar qualquer proposição que quisermos. Para impedir essa linha de raciocínio, pelo menos uma das três regras de inferência que a geram precisa ser rejeitada. Isso torna duro o caminho intuitivo, pois cada uma dessas três regras de inferência parece ser inteiramente plausível à primeira vista. Mesmo assim, tentativas foram feitas para construir sistemas lógicos que impeçam esse argumento. Não tratarei disso aqui.

visões pós-modernas extremas, na verdade rejeita esses princípios selvagens de interpretação (pelo menos, quando não estão apresentando artigos em congressos). Posso ilustrar este último ponto com uma história pessoal. Uma vez eu estava em um anfiteatro com pensadores avançados, no qual eu era a única pessoa com uma palavra favorável a dizer sobre a lei de não contradição. Consequentemente, fui muito ridicularizado e abusaram bastante de mim. Tentei explicar aos membros da audiência – como tentei explicar aqui – que, ao rejeitar a lei de não contradição, eles não estavam, muito provavelmente, rejeitando o princípio em si mesmo, mas, em vez disso, rejeitavam uma falsa imagem que equivocadamente associaram a ele. Eles não aceitaram nada disso – determinados a realizar uma vitória decisiva sobre o racionalismo ocidental logo-falocêntrico, eles recusaram esse compromisso temporizador. Exasperado, eu finalmente empreguei o que é chamado de *ad hominem* mal-educado. Perguntei se os organizadores da conferência estavam se candidatando a futuros financiamentos da *National Endowment for the Humanities*. Quando alguns indicaram que sim, perguntei se faria alguma diferença para eles se a resposta à sua solicitação fosse não em vez de sim e, caso fizesse, por quê? Não surpreendentemente, isso produziu uma reação de raiva.

Qual a ideia disso tudo? Afinal, as pessoas realmente não adotam os princípios selvagens de interpretação que expus, mesmo que às vezes falem de maneira a sugerir que adotam. Se realmente não os adotam, queremos saber por que não. Se aceitamos a lei de não contradição, temos razões claras para rejeitar esses princípios selvagens de interpretação. Por outro lado, se rejeitamos a lei de não contradição – isto é, realmente rejeitamos, não apenas fingirmos que a rejeitamos – é difícil pensar em qualquer razão para não fazer interpretações "vale tudo" de uma maneira perfeitamente louca. Como Aristóteles viu, isso nãoequivale a provar a lei de não contradição.

Isso meramente mostra que as pessoas que rejeitam a lei de não contradição destroem qualquer diferença significativa entre afirmar alguma coisa e negá-la. Ao rejeitar a lei de não contradição, eles se privam do uso significativo desses atos de fala.[22] Sinceros, eles são autossilenciadores. Essa é a "demonstração refutativa" que Aristóteles fornece da lei de não contradição em uma roupagem mais moderna. Nada disso moverá alguém que genuinamente opte pelo silêncio ou pela loucura. Como não opto por nenhum deles, acho a demonstração refutativa da lei de não contradição, fornecida por Aristóteles, inteiramente persuasiva.[23]

---

22 Não somente o contraste entre afirmar e negar será apagado, mas toda umagama de outros atos de fala será comprometida também – por exemplo, prometer fazer alguma coisa em oposição a prometer não fazê-la, pedir para alguém fazer alguma coisa em oposição a pedir àquela pessoa para não fazê-la, e assim por diante, através de uma ampla gama de diferentes tipos de atos de fala.

23 Recentemente encontrei uma variação da prova refutativa de Aristóteles das leis da lógica em *A ideia perigosa de Darwin* de Daniel Dennett. Diante de um teólogo que defende que "a fé está muito além da razão", Dennett sugere a seguinte réplica:

> "O filósofo Ronald de Sousa uma vez descreveu memoravelmente a teologia filosófica como "um jogo de tênis intelectual sem a rede", e eu prontamente admito que estive supondo sem comentar nem questionar... que a rede do julgamento racional estivesse erguida. Mas podemos abaixá-la, se você realmente o quiser. O saque é seu. O que quer que você saque, suponha que eu o devolva rudemente assim: "O que você diz implica que Deus é um sanduíche de presunto embrulhado em papel alumínio. Não é lá um Deus que valha a pena adorar!" Se então você volear, exigindo saber como posso justificar logicamente a minha afirmação de que o seu saque tem uma implicação tão estapafúrdia, responderei: "Ah, você quer a rede erguida para as minhas rebatidas, mas não para os seus saques? Ou a rede fica erguida, ou

Ao aceitar a demonstração refutativa de Aristóteles, eu ainda discordo dele em uma questão fundamental: sua interpretação dessa lei como uma superlei que governa o ser enquanto ser. Assim, meu tratamento do problema da mudança é diferente do de Aristóteles. Aristóteles defendia, com toda razão, que a lei de não contradição é compatível com a mudança. Ele pensou que aqueles que estavam inclinados a pensar diferente estavam cativos de uma concepção defeituosa da mudança. Meu diagnóstico é diferente: eu sustento que quem acha que a lei de não contradição é incompatível com a mudança sofre de uma concepção defeituosa da lei de não contradição. Essa concepção defeituosa foi compartilhada por todas as partes no debate antigo sobre a mudança – pelos parmenidianos, pelos heraclitianos e por Aristóteles também. Eu sugeri que o mesmo erro aparece nos escritos de Nietzsche. Ele reapareceu no século XX e certamente sobreviverá ao longo do século XXI. Essa má compreensão do estatuto da lei de não contradição tem sido um erro sedutor profundo e perene.[24]

---

fica abaixada. Se a rede está abaixada, não há regras e todos podem dizer qualquer coisa, um jogo despropositado, se já houve algum jogo sem propósito. Estive lhe dando o benefício da suposição de que você não perderia o seu tempo, ou o meu, jogando com a rede abaixada." (154)

Isso não refuta a afirmação do teólogo, pois várias respostas são possíveis para ele. Há a jogada Zen:"Deus é um sanduíche de presunto embrulhado em papel alumínio? Sim. Podemos dizer isso também". E nosso teólogo fideísta pode ter absoluto prazer no pensamento de que temos de jogar com a rede erguida, enquanto ele não. Esses teólogos e muitos assim chamados pensadores pós-modernos vivem muito além do alcance do constrangimento intelectual, exceto, claro, quando a posição deles acarreta desvantagens *pessoais*. É por essa razão que prefiro a versão mais crua de um ataque *ad hominem* do tipo dado acima.

24 Ver que a lei de não contradição é igualmente compatível com a possibilidade e a impossibilidade de mudança remove um obstáculo para o entendimento da mudança. Entretanto, isso por si mesmo não torna a mudança uma noção

Parece, então, que acabamos com uma nota alegre. Ansiedades sobre a lei de não contradição infringindo a espontaneidade estão mal orientadas. Quando se preocuparam com isso, as pessoas não deveriam ter-se preocupado. No entanto, como veremos no próximo capítulo, há problemas – problemas profundos –com relação à consistência que não se repousam em uma má-compreensão da lei de não contradição. Esses são problemas gerados pela ocorrência persistente de paradoxos, dilemas e outras formas de incoerência. Esse será nosso próximo tópico.

---

não problemática. Os paradoxos de Zenão permanecem um desafio para a *inteligibilidade*, se não para a possibilidade, da mudança.

CAPÍTULO 2
Dilemas e paradoxos

Fixamos regras, uma técnica, para um jogo e, quando seguimos as regras, as coisas não se passam como havíamos suposto... portanto nos emaranhamos em nossas próprias regras. Esse emaranhamento em nossas regras é o que queremos compreender (isto é, obter uma visão clara dele)...
Naqueles casos, as coisas se passam de modo diferente do que havíamos querido dizer e previsto. É exatamente o que dizemos quando, por exemplo, surge a contradição: "Não foi o que eu quis dizer".
O estatuto civil de uma contradição ou o seu estatuto na vida civil: esse é o problema filosófico.

Ludwig Wittgenstein, *Investigações filosóficas*, §125.

No capítulo anterior, defendi a sanidade ao argumentar que é um erro – de fato, um erro tolo – negar a lei de não contradição. Neste capítulo, o que eu direi poderá sugerir que mudei de lado. Aparentemente tornando-me mais tolerante com as contradições, argumentarei que não há razão para supor que as regras que governam nossas atividades cognitivas formam ou precisam formar sistemas consistentes. De modo mais incisivo, argumentarei ser evidente que as regras que governam muitas instituições humanas *não* são consistentes. Reconhecer esse fato (se for um fato) não nos força, por si mesmo, a modificar um compromisso forte com a consistência. Descobrir uma inconsistência pode tão somente nos dar a tarefa de remediar o problema encontrando alguma forma de modificar nossas regras para que a inconsistência não mais surja. Dois compromissos adicionais, no entanto, podem sugerir que eu cruzei a linha rumo ao antirracionalismo. Argumentarei, creio que seguindo Wittgenstein, que na prática é frequentemente bastante razoável empregar sistemas de regras sem garantia de que são consistentes. Esta é uma situação comum: empregamos sistemas de regras sem sermos capazes de estabelecer sua consistência, talvez nem tendo ideia de como se faria isso. Mais radicalmente, outra vez seguindo Wittgenstein, defendo que às vezes é legítimo continuar a usar um sistema de regras mesmo *depois* de sua inconsistência ter sido identificada. A inconsistência em um sistema de regras é debilitante em algumas ocasiões, mas não sempre. Às vezes, a melhor estratégia disponível é aprender a viver com a inconsistência, como se poderia dizer, de maneira judiciosa e civilizada.

É importante reconhecer que nos parágrafos anteriores parei de falar sobre *proposições* (afirmações, enunciados e afins) para falar sobre *regras*. Essa mudança é de crucial importância e deve ser explicada. Embora a diferença entre regras e proposições seja complicada e difícil deser explicada, *grosso modo*, proposições dizem como as coisas são, regras guiam a conduta. Jogos (por exemplo, jogos de tabuleiro e jogos de cartas) fornecem um exemplo natural de como as regras funcionam. No xadrez, diz-se que, com certas restrições, o bispo pode se mover ao longo da diagonal que ocupa. Ele não pode se mover de nenhuma outra maneira. As regras que governam seus movimentos são *essenciais* para uma peça ser um bispo. Uma peça de xadrez também tem características não essenciais. O material de que é feita não é um aspecto fundamental de um bispo; sua forma também não. Claro, é conveniente ter uma forma convencional para o bispo, mas pode-se jogar xadrez usando pedaços de papel com as palavras "bispo", "rei", "peão" escritas neles. Xadrez pode ser jogado usando vários tamanhos de saleiros. Xadrez pode até ser jogado em um tabuleiro gigante com diferentes marcas de automóvel representando várias peças. Um BMW será um bispo – e não simplesmente o representará – se for usado em um jogo de xadrez com seus movimentos no tabuleiro restritos pelas regras específicas de um bispo.[1]

Umas das ideias mais importantes de Wittgenstein era esta: assim como as peças em um jogo como o xadrez são definidas pelas regras que governam os seus movimentos, os significados das palavras são definidos de maneira similar pelas regras que governam seu emprego.[2] Nas *Investigações filosóficas*, Wittgenstein nos diz que "para uma *grande* classe de casos – embora não para *todos* os casos – em que empregamos a palavra 'significado', pode-se explicá-la assim: o significado de uma palavra é seu uso na linguagem".[3] Entender o significado de uma palavra é entender (pelo menos implicitamente) as regras que governam seu uso. Encontramos uma versão dessa ideia no capítulo anterior, quando vimos que a palavra "e" poderia ser definida como um conectivo de frases que gera uma frase verdadeira apenas no caso

---

1 Esse exemplo era um dos favoritos de Wilfrid Sellars.
2 Essa é somente uma primeira aproximação tosca de um assunto complexo. Nossa linguagem é governada por uma ampla variedade de regras que funcionam de maneiras muito diferentes. Tudo isso precisa de distinções, mas não é possível traçá-las aqui.
3 Wittgenstein, 1958, §43.

de ambas as frases que ela conecta serem verdadeiras, e gera uma frase falsa nos outros casos. Entender isso é entender como a palavra "e" é usada e, portanto, é entender seu significado.

Na segunda metade de sua carreira filosófica, Wittgenstein estendeu essa concepção do significado como uso de maneira genérica, produzindo o que muitos pensaram ser uma revolução em filosofia.[4] Se quisermos entender o significado de alguns termos problemáticos, por exemplo, numerais, ele diz que devemos examinar os *jogos de linguagem* nos quais os numerais são empregados – talvez até inventando jogos de linguagem primitivos em que o uso desses termos e as regras que os governam se tornam transparentes. O que descobrimos quando adotamos essa abordagem é que as palavras são usadas em uma grande variedade de diferentes tipos de jogos de linguagem e, portanto, têm significados em uma grande variedade de maneiras diferentes. A confusão filosófica surge quando tentamos reduzir essa grande e desajeitada pluralidade de maneira sem que uma palavra pode ter significado a um ou poucos paradigmas simples. O erro mais comum e pernicioso filosoficamente é supor que todas as palavras (ou pelo menos todas as palavras significativas cognitivamente) obtenham seus significados *simbolizando* ou *representando* objetos ou propriedades destes. A doutrina de que significado é igual a uso visava a quebrar o feitiço dessa forma primitiva de entender como a linguagem funciona.

Para Wittgenstein, a comparação entre as regras que governam a linguagem e as que governam os jogos lança luz sobre a natureza da linguagem, mas ele também viu que essa comparação tem seus

---

4 Como leio Wittgenstein, a identificação do significado com o uso aparece de uma maneira limitada em sua obra *Tractatus Logico-Philosophicus*. Conforme seu comprometimento com a doutrina do "significado equivale ao uso" se expandia anos depois, Wittgenstein veio a rejeitar partes grandes e centrais de sua obra anterior. As primeiras cento e tantas seções de abertura de suas *Investigações Filosóficas* contam essa história. Eu a expliquei detalhadamente em meu livro *Wittgenstein*. Nem todo mundo lê Wittgenstein nessa questão como eu o leio.

riscos. Em particular, ele pensava que a comparação com os jogos, se mal-compreendida, poderia levar-nos a abraçar uma concepção demasiadamente intelectualizada ou idealizada da maneira como as regras que governam o uso da linguagem de fato funcionam. As regras que governam o xadrez, bem como as regras que governam muitos sistemas lógicos e matemáticos, são rigorosas e consistentes. Isso pode nos tentar a pensar que as regras que governamos usos comuns da linguagem devem ser igualmente rígidas e consistentes – ou, no mínimo, que deveria ser nossa meta atingir tal rigidez e consistência. Wittgenstein rejeita ambas as partes dessa afirmação. Concordo com ele, pois me parece claro que muitos sistemas de regras que seguimos são de fato inconsistentes e, além disso, parece inevitável que, em alguns casos pelo menos, a única alternativa é aprender a viver com essa inconsistência.

Posso ilustrar o tipo de inconsistência que tenho em mente e no que consiste viver com a inconsistência adaptando um exemplo tirado do livro *Observações sobre os fundamentos da matemática*, escrito por Wittgenstein. A ideia fundamental é de Wittgenstein, a ornamentação, minha.[5] Imagine um jogo de tabuleiro tão complicado e instigante quanto o xadrez. Ele é jogado há séculos, torneios são realizados, campeões mundiais são coroados, livros e revistas são publicados sobre ele. A habilidade para destacar-se nesse jogo é considerada um sinal de grande inteligência. Chamaremos o jogo de Ludwig. Um dia, dois principiantes, jogando tolamente (embora fazendo jogadas legais), encontram por acaso uma posição em que duas regras do jogo entram em conflito. O conflito surge da seguinte maneira. O Ludwig, como outros jogos, tem regras de vários tipos. Tem regras especificando de que maneiras as peças podem se mover.

---

5   Na verdade, isso é uma combinação de dois dos exemplos de Wittgenstein de seu livro *Observações sobre os fundamentos da matemática*, parte 3, §77 e parte 7, §29. Coloquei primeiramente essas ideias à prova em um artigo apresentado em uma conferência em Bristol, Inglaterra, em 1974, posteriormente publicado como "Hintikka's Game Theoretic Approach to Language" em 1976.

Também tem regras que indicam que, em certas circunstâncias, um movimento é obrigatório – como no jogo de damas, em que se deve capturar uma peça, se é possível capturar essa peça.[6] Ele também tem regras que, em certas circunstâncias, proíbem fazer movimentos que de outro modo seriam legais – assim como no xadrez não se pode expor o próprio rei ao xeque. Nossos novatos de alguma maneira chegam a uma posição em que um movimento em particular é ao mesmo tempo obrigatório e proibido, não restando, assim, nenhuma maneira legal de continuar. O jogo fica "travado", como programas de computadores às vezes ficam. Por causa dessa possibilidade, podemos dizer que Ludwig é inconsistente no seguinte sentido: uma série de movimentos legais pode levar a uma situação em que um próximo movimento é ao mesmo tempo obrigatório e proibido.[7] Podemos dizer que o sistema de regras que governam o Ludwig é, nesse sentido, propenso ao dilema. Por último, podemos supor que essa caraterística das regras – sua propensão ao dilema – passou despercebida por séculos porque os movimentos que levam a ela, embora legais, são totalmente despropositados. Ninguém que entendesse o *objetivo* do jogo Ludwig faria os movimentos que levam a essa situação.

Dado que o Ludwig é propenso ao dilema, o que diremos sobre seu estatuto como jogo? Dado que o Ludwig é inconsistente no sentido de ser propenso ao dilema, seremos forçados a dizer que ele não é realmente um jogo? E se dissermos que não é um jogo, seremos também forçados a dizer que aqueles que anteriormente jogaram Ludwig não estavam *realmente* jogando um jogo, mesmo que eles equivocadamente achassem que estavam? No mínimo, uma vez que a propensão ao dilema do Ludwig é descoberta, não teriam as regras de ser consertadas para que esse impasse não mais surgisse

---

6   A regra no jogo de damas é, na verdade, mais complicada, mas isso não importa aqui.

7   O conflito nas regras pode tomar outras formas; por exemplo, um movimento pode ser permitido e proibido ao mesmo tempo.

em jogadas legais? A resposta de Wittgenstein a todas essas questões
– e eu o sigo nisso – seria não.[8]

Como descrito, o conflito nas regras nunca aparecerá num jogo
sério. De fato, foi necessária uma notável sequência de movimentos
estúpidos para gerá-lo. (É como uma mina terrestre plantada num
lugar em que ninguém pisará nela – digamos, no fundo de um poço).
Por isso, parece inteiramente arbitrário dizer que aqueles que jogaram o jogo antes de a incoerência ser descoberta não estavam realmente jogando um jogo e estavam iludidos por pensar o contrário.
Ademais, mesmo depois de a inconsistência ter sido descoberta, não
é óbvio que meios precisem ser encontrados para removê-la antes
que o Ludwig possa ser legitimamente jogado de novo. Várias respostas são possíveis. Se puderem ser consertadas facilmente, então,
talvez pelo bem da elegância, as regras poderiam ser mudadas. De
outro lado, porque a propensão ao dilema do Ludwig não afeta o
jogo sério de maneira nenhuma, as pessoas podem decidir ignorá-
-la. Livrar-se da inconsistência pode não valer a pena o trabalho de
imprimir novos livros de regras. Também poderia ocorrer – e isso é
mais interessante – que pode ser difícil revisar as regras para impedir o dilema de maneira satisfatória. Impedir o dilema poderia tornar o jogo excessivamente complicado, talvez tão complicado que
as pessoas não mais pudessem jogá-lo de modo efetivo. Eliminar o
conflito potencial nas regras poderia também ter o efeito inverso de
tornar o jogo trivialmente simples e, assim, desinteressante para jogar. Talvez, por exemplo, com as mudanças necessárias nas regras, se
torne óbvio que quem fizer o primeiro movimento sempre ganhará.
Esta, então, é a primeira tese que desejo sustentar: a presença de
uma inconsistência nas regras que governam um jogo não precisa
destruir o jogo; de fato, evitar a inconsistência poderia tornar o jogo
impossível de ser jogado ou desinteressante. Em algumas circuns-

---

8 Defendi essa interpretação do tratamento que Wittgenstein dá à inconsistência em "Wittgenstein's Critique of Philosophy".

tâncias, podemos viver, e viver felizes, nas proximidades da inconsistência. Eu direi que um jogo e, por extensão, um sistema de regras é ludwigeano se, como o Ludwig, for propenso ao dilema e, ainda assim, perfeitamente jogável quando os movimentos são feitos de uma maneira séria e com um propósito.

Tendo introduzido a ideia de um sistema de regras sendo propenso ao dilema, mas ainda útil porque ludwigeano, podemos agora voltar-nos para as instituições humanas importantes e perguntar se também elas às vezes exibem características ludwigeanas. O comportamento humano é intrinsecamente governado por regras. O comportamento de outros animais também parece governado por regras, às vezes de maneiras bastante complicadas. Todavia, uma característica distintiva dos seres humanos é que, em muitos casos, nosso comportamento tem um componente linguístico essencial.[9] Há coisas que apenas usuários de linguagem podem fazer, pois usar a linguagem é essencial para fazê-las. (Somente usuários de linguagem podem comprar ações ou se envolver em crítica cultural). Além disso, o uso da linguagem é em si mesmo uma atividade governada por regras. Como notado, Wittgenstein enfatizou essas ideias ao falar de jogos de linguagem. Segundo ele, quando empregamos uma língua, entramos em muitos tipos de jogos de linguagem governados por várias regras, mais ou menos complexas, mais ou menos estritas.

---

9 Parece natural atribuir o uso da linguagem a outros animais também: animais de estimação, abelhas melíferas e macacos treinados, por exemplo. E provavelmente vão perguntar se esses animais *realmente* possuem uma linguagem. Basta notar que alguns animais às vezes exibem comportamento que é notavelmente similar ao comportamento linguístico humano. Nesses casos, pode ser útil descrever e tentar explicar o comportamento animal usando categorias linguísticas. Resta ver em que medida isso será útil. Até agora, mesmo na mais generosa interpretação dos dados, nenhum animal jamais mostrou comandar mais que um pequeno fragmento das capacidades linguísticas dos humanos. Pode ser um erro dizer que o comando da linguagem é uma característica distintiva dos seres humanos, mas (ignorando espíritos) este chega bem perto de ser uma das nossas características distintivas.

Nossa primeira questão é esta: dado que o uso da linguagem pode proveitosamente ser visto como jogar vários jogos de linguagem, seriam alguns desses jogos de linguagem – em particular, alguns dos mais importantes – propensos ao dilema? Segundo, admitindo que alguns desses jogos de linguagem sejam propensos ao dilema, podem eles, como o Ludwig, ainda ser úteis ou utilizáveis? Isto é, são eles ludwigeanos? Minha resposta geral é que muitas instituições humanas fundamentais são (ou são no máximo) ludwigeanas.

Para ver que nossa linguagem, em suas características mais gerais, é propensa ao dilema, basta considerar as regras que governam a construção de frases. Elas permitem a formulação de expressões do seguinte tipo:

(1) A frase que George acabou de proferir é falsa.

Esse é um comentário perfeitamente comum, que não parece problemático – é uma maneira de negar o que George acabou de dizer e será verdadeiro se o que George disse é falso. Como entender, no entanto, a seguinte afirmação?

(2) Esta frase mesma [isto é, a frase 2] é falsa.

Essa frase, embora gramaticalmente bem-construída, produz o seguinte resultado paradoxal: se for verdadeira, então será falsa, e se for falsa, será verdadeira. Note-se: Se for verdadeira, então, porque diz de si mesma que é falsa, ela deve ser falsa; e se for falsa, porque diz de si mesma que é falsa, ela deve ser verdadeira. Então ela é verdadeira se, e somente se, for falsa – e isso é paradoxal. Esse é um exemplo de uma grande família de paradoxos comumente chamada de paradoxos do mentiroso. Frases que geram paradoxos do mentiroso são por vezes chamadas de frases do mentiroso.

O paradoxo do mentiroso tem sua origem no mundo antigo. Era um dos sete enigmas encontrados em uma lista compilada por uma figura algo misteriosa, Eubulides de Mileto.[10] Não há nenhuma prova indicando o que Eubulides pensara sobre esses enigmas se, para ele, apresentavam desafios filosóficos sérios ou somente curiosidades vãs. Ao longo dos séculos, apresentaram-se paradoxos do mentiroso em várias formas. Eis outro exemplo: Platão diz: "o que Aristóteles diz é verdadeiro". Aristóteles diz: "o que Platão diz é falso". Neste caso, o que Platão diz é verdadeiro se, e somente se, o que ele diz é falso. Não só isso, Aristóteles está exatamente no mesmo apuro. Lógicos antigos e medievais eram apreciadores de exemplos desse tipo e promoviam um sem-número de modificações neles. Foi, todavia, no século XX que o paradoxo do mentiroso fez sua mais dramática aparição. Uma variante desse paradoxo jaz no coração do que alguns veem como a mais profunda descoberta nos fundamentos da matemática, o teorema da incompletude de Gödel.[11]

O que diremos do paradoxo do mentiroso? Muitas pessoas estão familiarizadas com o paradoxo (em uma de suas formas), mas não se incomodam com ele. Elas podem se divertir com ele, talvez ser entediadas por ele, mas, em todo caso, não acham que precisam lidar com ele antes de chamar novamente algumas frases de verdadeiras e outras, de falsas. Em contraste com essa abordagem prática, na qual não se coça o paradoxo do mentiroso porque este não produz nenhuma coceira séria, a reação padrão entre filósofos e lógicos é tentar lidar com ele, porque ele parece apresentar uma séria ameaça à racionalidade em geral.

Respostas a esse paradoxo são classificadas em duas grandes categorias, aquelas que tentam *dissolvê-lo* (isto é, mostrar que ele não é realmente um paradoxo) e aquelas que tentam encontrar maneiras de *evitá-lo* (isto é, tentam achar maneiras de revisar nossas regras para que o paradoxo não mais surja). Aqueles que adotam a primeira

---

10 Eubulides de Mileto é tido como um contemporâneo de Aristóteles. Além de ser um compilador de paradoxos, pouca coisa mais é conhecidaa seu respeito.

11 Uma discussão popular dessa teoria é encontrada em Hofstadter, 1989.

abordagem e tentam dissolver o paradoxo do mentiroso têm grandes dificuldades, pois a frase 2 é manifestamente paradoxal. O paradoxo simplesmente mostra o que acontece quando combinamos a noção de falsidade com a autorreferência de uma maneira particular. Nada em nossa linguagem como realmente a usamos impede a formulação dessas frases. Alfred Tarski fala da universalidade de nossa linguagem, a saber, de sua falta de restrições àquilo de que podemos falar. Podemos falar do que quisermos, inclusive de nossa própria linguagem. Também podemos formular a negação do que quisermos. Essa permissividade permite a formação da frase 2, junto com o paradoxo que dela flui.[12] Se isso está correto, então nossa linguagem é propensa ao dilema assim como o jogo imaginário deLudwig é propenso ao dilema.

Wittgenstein, no entanto, sugeriu uma maneira um tanto plausível de evitar o caráter paradoxal da frase 2 do mentiroso:

> "O mentiroso de Creta". Ele poderia ter escrito "esta proposição é falsa" em vez de "estou a mentir". A resposta seria: "muito bem, mas a que proposição te referes?" – "Bem, a *esta* proposição". – "Eu compreendo, mas qual é a proposição mencionada n*ela*?". – "*Esta*." – "Bom, e a que proposição *ela* se refere?" etc. Desse modo, ele seria incapaz de explicar o que quer dizer, até passar para uma proposição completa.[13]

Isso evita gerar uma contradição ao usar o que podemos chamar de método de avaliação adiada. Antes de podermos avaliar uma proposição como sendo verdadeira ou falsa, precisamos primeiro identificar a proposição a ser avaliada. Assim, se se diz ao leitor que a terceira frase neste capítulo é verdadeira, ele precisa primeiro voltar e olhar para aquela frase antes de decidir se a avaliação é correta ou não. De acordo com Wittgenstein, uma frase como a frase 2 nos leva

---

12 Tarski, 1983, p. 164 - 65.
13 Wittgenstein, 1981, §691.

a uma busca sem fim e em círculos da proposição a ser avaliada. A busca seria mais ou menos assim:

> A proposição 2 nos diz que uma certa proposição, isto é, a proposição 2, é falsa, então vejamos o que a proposição 2 diz.
> Bem, a proposição 2 nos diz que uma certa proposição, isto é, a proposição 2, é falsa, então vejamos o que a proposição 2 diz.
> Bem, a proposição 2 nos diz que uma certa proposição, isto é, a proposição 2, é falsa, então vejamos o que a proposição 2 diz.
> E assim por diante, para sempre.

Por nunca estarmos em posição de dizer se a proposição 2 é verdadeira ou falsa, nunca chegamos a uma posição em que o paradoxo do mentiroso surja.

Eu confesso achar esse tratamento do paradoxo do mentiroso um tanto persuasivo, mas é importante ver que ele somente substitui um desastre conceitual por outro. Em vez de cairmos em um paradoxo, somos levados a um círculo infinito, o que é igualmente ruim. Para ver isso, podemos voltar ao dilema que surgiu no jogo de Ludwig e imaginar alguém tentando consertá-lo ao usar um expediente similar. Junto com as peças que são usadas para começar o jogo, a cada jogador é dado um segundo conjunto de peças idênticas. Quando um dilema surge, eles são instruídos a remover do tabuleiro a peça infratora e substitui-la por uma duplicata. Isso, todavia, apenas reinstaura o dilema, de modo que a peça precisa ser trocada novamente por sua duplicata – e assim por diante, para sempre. Podemos chamar esse novo jogo de Ludwig 2. Este de fato evita o dilema, pois quando surge um dilema, o jogador é forçado a trocar peças incessantemente e, assim, nunca está em posição de fazer nenhum movimento, legal ou ilegal. O Ludwig original, ao encontrar um dilema, é como um programa de computador que trava, mostrando a foto de uma bomba na tela, enquanto Ludwig 2 é como um computador que entra em um círculo infinito. Ambos são desastres conceituais, coisas ruins que podem ocorrer quando damos aplicação universal ou irrestrita a nossas regras. Àqueles que pensam que o círculo infinito é um pouco menos desastroso que um paradoxo puro e simples, só lhes posso citar Wittgenstein (talvez contra si mesmo, não estou certo):

> Contradição. Por que somente esse único espectro? Isso é certamente muito suspeito.[14]

Em contraste com aqueles que tentam dissolver ou descartar o paradoxo do mentiroso, outros admitem que o paradoxo é genuíno e, então, se dão a tarefa de *revisar* as regras de nossa linguagem de modo a evitar o paradoxo. Nem toda solução servirá. Se nosso único objetivo for resolver o paradoxo, será fácil – simplesmente enfraquecemos nossa linguagem de uma maneira que se torne impossível construir frases do mentiroso. Podemos, por exemplo, limitar nossa comunicação a uma única frase, digamos, 2 + 2 = 4. Isso gera consistência a baixo custo, mas não é o tipo de solução que estamos procurando. Queremos uma solução que preserve o máximo da força de nossa linguagem atual, ao mesmo tempo em que evita o paradoxo. Além disso, os ajustes que fizermos nas regras que governam nossa linguagem devem ter sentido para nós. Se o paradoxo do mentiroso pudesse ser evitado fazendo ajustes intuitivamente plausíveis em nossa linguagem, poderíamos falar legitimamente em *resolver* o paradoxo do mentiroso em vez de meramente nos *esquivarmos* dele, construindo outra linguagem em que ele não surja. Até onde posso ver, nenhuma solução proposta para o paradoxo do mentiroso atende a esse padrão de plausibilidade intuitiva. As soluções propostas invariavelmente envolvem expedientes *ad hoc* que não têm nenhuma

---

14 Wittgenstein, 1967, parte 4, §56.

plausibilidade inerente ou nos pedem para desistir de coisas que são inerentemente plausíveis.

Não tentarei examinar essas tentativas de solução aqui. Há um sem-número delas e algumas são extremamente técnicas. Aqui, só comentarei brevemente uma das estratégias padrão. Como o que parece estar causando o problema é permitir que uma frase se refira a si mesma – seja diretamente, seja por meio de frases intermediárias,– a solução óbvia é não deixar que as frases se refiram a si mesmas. Uma maneira de realizar isso – ignorarei detalhes técnicos – é atribuir um número índice a todas as frases; por exemplo, "o gato está no tapete" poderia se tornar "o gato está no tapete 7". Introduzimos a regra de que uma frase pode se referir a outra apenas se a primeira tiver um número índice maior que a última. Dada essa restrição, nenhuma frase pode se referir a si mesma, seja direta, seja indiretamente por meio de frases intermediárias. Porque um paradoxo surgirá de novo se pararmos de numerar as frases em algum ponto, será necessário ter uma hierarquia infinita de frases indexadas, mas, com isso, o paradoxo do mentiroso será evitado.

Será útil ver novamente o que acontece se aplicarmos uma estratégia similar à nossa versão original de Ludwig. Podemos produzir um novo jogo, Ludwig 3, da seguinte maneira. Em vez de dar a cada jogador um único segundo conjunto de peças idênticas, como em Ludwig 2, daremos a cada jogador um número infinito de conjuntos de peças idênticas. (Suporemos que cada conjunto de peças é numerado de um em diante). Agora, quando o dilema aparecer, a peça infratora será removida e substituída por uma duplicata do primeiro conjunto de duplicatas. Isso reinstaura o dilema, então a duplicata é substituída por outra do segundo conjunto de duplicatas. E assim por diante, sem parar. Como em Ludwig 2, o jogador de Ludwig 3 nunca está em posição de fazer uma jogada, pois sempre tem outra coisa que ele precisa fazer antes. Em Ludwig 3, não se entra em um círculo sem fim, como ocorreu em Ludwig 2; em vez disso, enfrenta-se a tarefa de subir uma escada de altura infinita. Pode parecer que Ludwig 2 tem certas vantagens práticas sobre Ludwig 3 – ele exige menos peças. Todavia, deixaremos de lado essa questão prática supondo que Deus – um ser capaz de criar um número infinito de peças – está jogando o jogo. A ideia em que desejo insistir é que essas duas maneiras de evitar o dilema de Ludwig parecem tão insatisfatórias quanto o próprio dilema.

A moral dessa história sobre o paradoxo do mentiroso é que existem maneiras de entender ou reformar a nossa linguagem para que o paradoxo do mentiroso não ocorra, mas, pelo menos nos dois casos examinados, a cura, embora não pior do que a doença, parece igualmente ruim. Se começarmos com a obsessão de evitar o paradoxo, então pode-se considerar a condenação a um círculo sem fim ou a uma ascensão infinitacoisas com as quais temos de conviver. Se, porém, nossas obsessões são outras e abominamos tarefas infinitas, então a aceitação de um paradoxo ocasional pode parecer um preço pequeno a pagar.

O caráter contraintuitivo das tentativas de resolver o paradoxo do mentiroso exibe sua profundidade conceitual. Ele provou ser extraordinariamente resistente a um tratamento adequado. Mas, mesmo que o paradoxo do mentiroso seja um paradoxo profundo, isso não significa que precisamos lidar com ele antes de podermos legitimamente fazer uso de nossa linguagem propensa ao paradoxo. Nossa situação é exatamente a mesma daquela dos jogadores sérios de Ludwig. A maioria das pessoas não presta atenção ao paradoxo do mentiroso, mas isso não as expõe a nenhum risco, pois suas atividades sérias nunca as levam à região em que as frases do mentiroso espreitam. Aqueles que estão cientes do paradoxo do mentiroso pelo menos sabem onde os perigos estão e, com bom senso, podem se manter fora de perigo.[15]

---

15 É possível que uma situação poderia surgir, na qual o paradoxo do mentiroso interferisse nas atividades práticas sérias. Talvez um programa de computador

A propensão ao dilema vai além dos paradoxos encontrados nas matemáticas e na lógica. De fato, ela parece ser uma característicadifundidos sistemas de regras que constituem nossas instituições humanasmais fundamentais, incluindo as instituições de moralidade e lei. Na lógica e nas matemáticas, pode-se dar aos paradoxos uma formulação clara e deduzida com rigor de um conjunto de axiomas aparentemente aceitáveis. Isso não é comumente possível para sistemas morais e legais, porque, entre outras razões, estes não admitem formulação rigorosa. Todavia, se colocarmos pressão suficiente sobre esses sistemas de regras – especialmente se os confrontarmos com situações difíceis ou exóticas –, eles frequentemente produzem resultados conflitantes ou incoerentes.

Uma característica inerente a todos os sistemas morais e legaisricos e complexos é, creio, ter um potencial para dilemas morais e dilemas legais.[16] Na medida em que são úteis, apesar de sua propensão ao dilema, esses sistemas podem ser chamados de ludwigeanos. Há, no entanto, uma diferença importante entre o jogo de Ludwig e o jogo da vida. No Ludwig, aqueles que jogam o jogo de maneira séria e inteligente não encontram o paradoxo latente nas regras. Num jogo sério, é como se o dilema não estivesse lá, pois jogadores

---

incorporando alguma variante da frase do mentiroso travasse constantemente ou entrasse em um círculo infinito. O conselho óbvio seria procurar por uma maneira de escrever o programa que não incorporasse frases do mentiroso – assim como, ao escrever programas, deve-se evitar instruções que envolvam divisão por zero. Pode ocorrer, no entanto, que frases autorreferentes semelhantes às frases do mentiroso são necessárias para atingir os objetivos do programador. A tarefa, então, seria encontrar alguma maneira de empregar essas expressões sem gerar travamentos ou círculos infinitos. Nesse caso, alguma coisa teria de ser feita sobre o paradoxo, mas o que exatamente fosse feito estaria intimamente ligado com a tarefa específica que o programa deveria executar. Não é preciso encontrar uma solução para o paradoxo do mentiroso em geral. Em um contexto prático, uma solução prática seria boa o suficiente – talvez um triunfo intelectual.

16 James, 1979) p. 188.

sérios nunca vão à região em que o dilema ameaça. O jogo da vida não é sempre tão cômodo, pois às vezes os dilemas se impõem a nós em nossa busca séria de viver.

Concentrando-me por enquanto nos sistemas de moralidade, sugiro que a razão de eles serem propensos ao dilema é incorporarem uma pluralidade de princípios morais ou uma multiplicidade de formas de consciência moral, as quais normalmente coincidem, mas às vezes conflitam. Várias teorias éticas refletem esses diversos princípios – embora frequentemente de maneiras exageradas e unilaterais. Por exemplo, dada uma escolha entre duas linhas de ação, em que uma traz mais benefícios do que a outra, parece óbvio – algo que mal vale a pena discutir – que deveríamos escolher a mais benéfica linha de ação em vez da menos benéfica. Há muitos contextos em que decisões são quase automaticamente tomadas apenas com base nessas razões. Exemplos facilmente vêm à mente. Demorando-se sobre exemplos desse tipo, uma pessoa pode encaminhar-se para o que é chamado de concepção *consequencialista* em ética. Dessa perspectiva, a correção de uma ação é sempre julgada pela bondade e maldade das consequências que essa ação provavelmente produzirá. Essa é a ideia geral, sua formulação em detalhes admite variações sem fim.

Também pode parecer óbvio que é errado prejudicar uma pessoa para beneficiar um terceiro, se a pessoa prejudicada não concorda como prejuízo ou não o merece de maneira nenhuma. Não é certo tirar de Pedro para pagar a Paulo, a menos que Pedro concorde com a transferência ou esteja obrigado a aceitá-la. Ao demorar-se em casos claros como esse, uma pessoa pode encaminhar-se para uma ética de direitos e deveres – chamada de teoria deontológica.

Podemos imaginar um mundo no qual considerações consequencialistas e deontológicas sempre coincidam nas ações que aprovam e proíbem. De fato, em grande medida, esse é o *nosso* mundo, o próprio mundo em que habitamos, pois, em muitíssimos casos, as exigências morais dessas duas perspectivas coincidem. Com frequência, tirar de Pedro para pagar a Paulo não produz o resultado mais benéfico. Contudo, às vezes produz e, em tais circunstâncias, as considerações deontológicas e consequencialistas podem conflitar. William James nos pede para considerar um caso em que "milhões [poderiam se tornar] permanentemente felizes apenas com a condição simples de que certa alma perdida na fronteira longínqua das coisas levasse uma vida de tortura solitária". James fala de um "tipo de emoção específica e independente" que nos faria "sentir, mesmo que um impulso surgisse dentro de nós para agarrarmos a felicidade oferecida, quão horrível seria o seu gozo, quando este é deliberadamente aceito como o fruto de tal barganha".[17] Se James estiver certo, a violação dos direitos de uma única pessoa trará consigo uma repugnância moral que sobrepujará esse ganho massivo em felicidade para os milhões (agora bilhões) que se beneficiarão com essa barganha. Embora caiam os céus, há certas coisas que nunca devemos fazer. Mas James está certo? Se enfocarmos o sofrimento imerecido da única vítima – deixemo-lo realmente cair na alma, tenderemos, penso, a reagir como James reagiu. Se, ao contrário disso, mergulharmos na vasta miséria que existe no mundo, nossas inclinações poderão ser justamente as inversas. Devemos sentir compaixão pela pobre alma que sofre em nosso benefício e também temos uma queixa razoável contra o ser poderoso a nos oferecer essa barganha, o qual, sem nenhuma razão aparente, tem alguma incapacidade moral. Contudo, para ser realista, pode parecer-nos covardia moral, gerada talvez por um desejo obsessivo de mãos limpas, rejeitar uma oferta que produziria tanto bem por uma quantia proporcionalmente insignificante de mal.

O exemplo de James é uma fantasia, mas existem situações correspondentes genuínas no mundo em que vivemos. Deveria um terrorista ser torturado em uma tentativa de forçá-lo a reve-

---

17 Para uma defesa detalhada da existência de dilemas morais, ver Marcus, "Moral Dilemmas and Consistency", e Sinnott-Armstrong, *Moral Dilemmas*.

lar onde escondeu uma arma atômica? Talvez se possa argumentar que a tortura nessas condições, embora lamentável, é moralmente permitida porque o terrorista é um malfeitor. Suponha, entretanto, que o terrorista resista à tortura e não revele nada. Nesse caso, é moralmente permissível torturar um de seus filhos inocentes diante dos seus olhos em um esforço de conseguir que o terrorista revele seu segredo? Isso parece moralmente ilícito – até, talvez, refletirmos sobre o grande número de crianças inocentes que serão mortas e mutiladas se não se puder forçar o terrorista a revelar onde a bomba está escondida. Em face de uma escolha radical deste tipo, há uma forte (e compreensível) tentação de esquivar-se dela. As pessoas por vezes dizem coisas do seguinte tipo: "Claro, é moralmente errado torturar uma criança inocente, mas às vezes não temos outra escolha senão agir imoralmente". Isso pode apenas significar que, em certas ocasiões, temos de agir de maneiras que, em circunstâncias normais, seriam imorais. Essa, no entanto, é meramente uma maneira indireta de adotar a solução consequencialista para esse problema, enquanto, ao mesmo tempo, se oferecem umas migalhas para a consciência deontológica de alguém.[18]

Quem está certo? Nesse caso, é moralmente certo ou moralmente errado torturar a criança inocente? Minha inclinação é dizer que não há razão para supor a existência de uma resposta definitiva para essa questão. Refletir sobre certos aspectos da situação pode acionar nossos instintos deontológicos; refletir sobre outros aspectos pode acionar nossos instintos consequencialistas. Às vezes – tal-

---

18 Talvez esses instintos deontológicos tenham sido programados em nós por forças evolutivas. Se for verdade, isso explicaria seu apelo forte e quase universal. Isso não estabeleceria, no entanto, sua legitimidade moral. Um consequencialista poderia reconhecer que, na maior parte, os instintos deontológicos promovem o bem comum e, por essa razão, devem, em sua maior parte, ser seguidos. Contudo, quando produzem resultados que são profundamente contrários ao bem comum, eles deveriam ser deixados de lado. A falta de vontade de fazê-lo, mesmo em casos extremos, poderia ser tratada como um defeito genético.

vez até comumente – esses instintos apoiam-se mutuamente. Por vezes, porém, eles conflitam. Esses, penso, são simplesmente fatos da nossa vida moral. O pensamento de que deve existir alguma fonte unificadora para nossos instintos morais – uma fonte que mostre sua coerência subjacente – me parece inteira e manifestamente improvável.[19] Pensar de outro modo quase certamente decorre do pressuposto de que nosso sistema moral, para ser um sistema, precisa ter uma base subjacente que seja coerente. Em outras palavras, o pressuposto tácito da maioria dos teóricos morais (embora não de todos) é que a moralidade não é propensa ao dilema. De minha parte, quanto mais reflito sobre problemas morais reais, tanto mais me convenço de que dilemas morais são fatos da vida moral. Se isto estiver certo, nossos sistemas de crenças morais serão úteis apenas na medida em que forem ludwigeanos. Essa afirmação tem dois lados: primeiro, um sistema moral, apesar de propenso ao dilema, pode fornecer um guia razoável para a conduta naquelas áreas em que não surgem dilemas. Essas áreas "seguras"– como podemos chamá-las – podem ser bastante extensas. Segundo, uma das nossas responsabilidades como agentes morais é evitar causar dilemas morais comportando-nos de formas moralmente tolas. Fazer promessas tolamente incompatíveis é um exemplo disso. Não devo prometer algo a Pedro e algo a Paulo sabendo que não é possível cumprir ambas as promessas. Se eu me deparar com um dilema moral por essa razão, a culpa incide, não sobre o sistema moral, mas sobre

---

19 William James expressou uma crença similar quando escreveu: "Não há efetivamente mais razão para supor que todas as nossas exigências [morais] podem ser explicadas por um tipo de motivo universal subjacente do que há para supor que todos os fenômenos físicos são casos de uma única lei. As forças elementares em ética são provavelmente tão plurais quanto são as da física" (cf. James 1979, p. 201). Claro, se o sonho de uma teoria de campo unificada for concretizado, James teria errado sobre a física. Talvez se possa revelar que ele (e eu) estamos errados sobre a ética. Até agora, pelo menos, as perspectivas não parecem boas para uma teoria de campo unificada na ética.

mim.[20] Infelizmente, os sistemas morais nos quais vivemos não são completamente ludwigeanos. Mesmo quando agimos com cuidado e boa vontade, dilemas morais podem se impor a nós. A decisão de torturar ou não o filho inocente de um terrorista pode fornecer um exemplo desse tipo, pelo menos para algumas pessoas. Ela fornece para mim.

Devo acrescentar que a estrutura de nossa consciência moral é mais complicada do que sugere esse contraste simples entre instintos consequencialistas e deontológicos. Conflitos podem irromper *dentro* de cada perspectiva. Aqui, considerarei somente como isso pode ocorrer dentro da perspectiva deontológica (direitos e deveres).[21] Nossos direitos e deveres decorrem de várias fontes e são aplicados em várias áreas. Falando de maneira geral, eles são compatíveis uns com os outros, até se apoiam mutuamente. Contudo, eles podem entrar em conflito. Em um exemplo bem conhecido, Sartre descreve o conflito de um jovem diante da escolha entre ficar com sua mãe, velha e de luto, ou deixá-la para se juntar à Resistência Francesa. Nesse caso, deveres familiares entram em conflito com deveres patrióticos. Qual tem precedência? Sartre afirma que nenhuma teoria moral é capaz de resolver esse dilema. O jovem não tem escolha senão agir por conta própria e definir seu caráter moral no curso da ação.[22] Penso que Sartre está certo sobre isso. Mas Sartre também parece pensar que, porque a moralidade é propensa a dilemas, todas as decisões morais, no fundo, envolvem essas escolhas radicais. Esse pensamento, a meu ver, é meramente bobo e é fonte de outras bobagens nos escritos de Sartre, por exemplo, sua afirmação de que não há vítimas inocentes na guerra ou que todos merecem a guerra em que entram. É essencial ver que um conflito

---

20 Ruth Barcan Marcus insiste nesse ponto em "Moral Dilemmas and Consistency".
21 Conflitos podem surgir em uma teoria consequencialista se ela admitir uma pluralidade de bens sem nenhuma maneira sistemática de classificá-los.
22 Sartre, 1947, p. 28-32 (10-14).

moral irreconciliável pode existir sem demolir toda a moralidade à sua volta. Mesmo se não houvesse uma solução para o dilema moral específico do jovem, a maior parte de seu sistema moral continuaria no lugar. Este exclui, por exemplo, a opção de não ficar com a mãe nem se juntar à Resistência Francesa, mas, em vez disso, se tornar um instrutor de esqui na Suíça. Pensar de outro modo é quase certamente o resultado de fazer exigências ultrarracionalistas para os sistemas morais: ou eles são livres de dilemas ou são completamente arbitrários. Um dos objetivos principais desta obra é quebrar o encanto de pensamentos desse tipo. Esse objetivo, porém, levará tempo e, muito provavelmente, nunca será mais que parcialmente bem-sucedido. A base desse prognóstico sombrio ficará mais evidente nos capítulos subsequentes.

Antes de fechar esta discussão, pode valer a pena notar que sistemas legais são claramente propensos ao dilema, mas também (quando sob os cuidados de um bom anjo) podem ser ludwigeanos. Parte da razão de os sistemas legais serem propensos ao dilema é que a lei institucionaliza grandes porções de moralidade e, nesse processo de institucionalização, incorpora a propensão ao dilema da moralidade. Isso é evidente, por exemplo, na instituição legal da punição. A instituição legal da punição visa a servir múltiplos propósitos, incluindo dissuasão, prevenção (por encarceramento), reabilitação e retribuição. Às vezes, contudo, esses vários propósitos não combinam bem. Os fins de dissuasão são mais bem servidos tornando as prisões locais extremamente miseráveis de se viver. Mas uma vida dura na prisão pode não servir aos fins de reabilitação – de fato, pode ir contra ela. Para citar outro conflito, talvez surpreendente, as exigências da dissuasão podem ir contra uma das características centrais do retributivismo. Uma teoria retributiva da punição comumente contém as seguintes características: (1) uma pessoa é punida porque ele ou ela merece ser punida – coloquialmente, por meio da punição, o malfeitor ou a malfeitora paga por seu crime; e

(2) o grau da punição deve ser proporcional à seriedade do crime. Isso não significa que a punição precise ser igual ao crime – olho (ou seu equivalente) por olho (ou seu equivalente). Significa que os crimes mais sérios deveriam receber as punições mais sérias. Até agora parece haver um ajuste bastante bom, embora não necessariamente perfeito, entre as exigências da dissuasão e as exigências da retribuição. Crimes que produzem mais danos são ameaçados com mais danos. O conflito entre dissuasão e retribuição surge por causa de uma terceira característica da posição retributiva: (3) a pessoa quesofreu a punição pagou, por meio dela, seu crime e está, por essa razão, livre de restrições legais adicionais em relação a esse crime. É essa terceira, aparentemente mais humana, característica do retributivismo que frequentemente entra em conflito com os fins dissuasivos do castigo. Isso ocorre particularmente quando o crime em questão tem um alto nível de recidivismo – como assalto à mão armada e abuso sexual infantil. Dada a chance significativamente alta de que essas pessoas cometerão o mesmo crime de novo, tem sentido permitir que elas entrem novamente na sociedade não mais oneradas legalmente do que qualquer outro cidadão? Um retributivista provavelmente dirá sim – uma vez que se pagou pelo crime, acabou-se. Um teórico da dissuasão provavelmente dirá não – a proteção das vítimas potenciais se sobrepõe ao direito do condenado libertado a um começo novo e livre. Algumas pessoas acham essa escolha fácil (embora nem sempre na mesma direção). Muitas pessoas se veem atraídas em certa medida para cada uma dessas posições e, assim, por uma boa razão, ficam perplexas e perturbadas.

Quanto mais examinamos as operações reais da lei, mais propensa ao dilema ela nos aparece. Isso se reflete no acordo quase universal de que o tipo do raciocínio legal é fundamentalmente analógico, não dedutivo. Ao dizer que o raciocínio legal é fundamentalmente de tipo analógico, não quero simplesmente dizer que a tarefa do raciocínio legal é mostrar que os fatos no caso em discussão são mais parecidos a precedentes que favorecem um lado do caso do que aos que favorecem o outro lado. Há, claro, muitas coisas assim em nossa tradição do direito consuetudinário. Mas o raciocínio analógico pode funcionar de uma maneira mais dramática: ele pode produzir alterações gestálticas, maneiras globalmente diferentes e incompatíveis de *avaliar* o mesmo conjunto de fatos. Wittgenstein ilustrou um fenômeno desse tipo usando o agora famoso diagrama coelho-pato:

Para a maioria das pessoas, o diagrama alternadamente parece um pato, depois um coelho, mas nunca ambos ao mesmo tempo.[23] Podemos pensar um debate legal como um lado tentando fixar o diagrama como um pato e o outro lado tentando fixar o diagrama como um coelho – cada lado tentando criar a ilusão de que o diagrama realmente é determinado de uma dessas duas maneiras. Do mesmo modo, duas pessoas podem apreender a mesma situação legal de maneiras radicalmente diferentes. Certamente, uma pessoa particular – desde que não esteja envolvida como uma parte da disputa – pode ter seu ponto de vista alterado, conforme se enfatizam vários aspectos da situação.[24] Demorar-se nesse fenômeno pode produzir o sentimento inquietante

---

23 Este diagrama apareceu originalmente em Jastrow, 1900.
24 É um lugar-comum que as pessoas envolvidas em litígio muitas vezes se tornam passionalmente comprometidas com a retidão de posições que, aos olhos dos outros, estão inteiramente perdidas.

de que as decisões legais são *completamente* sem fundamento.[25] Observações similares aplicam-se ao raciocínio moral.

Mas agora surge a pergunta: se as coisas são tão precárias como sugeri, como nos damos tão bem? Aqui, só posso esboçar a resposta que será desenvolvida em capítulos posteriores. Penso que estamos salvos – na medida em que estamos salvos – da mesma maneira que os jogadores imaginários de Ludwig estavam salvos. Eles jogaram um jogo que era propenso ao dilema. Mas os jogadores de Ludwig não estavam jogando *com* as regras, eles estavam jogando *dentro* delas. O objetivo do jogo era vencer e esse objetivo envolvia formar estratégias, antecipar contraestratégias e assim por diante. Esses jogadores, então, estavam sob dois tipos de restrições:

1. As restrições das regras do Ludwig (jogadas legais em vez de ilegais)

2. As restrições impostas por tentar vencer (jogadas inteligentes em vez de burras)

A ideia fundamental é que as restrições do segundo tipo podem nos proteger (nos manter longe) dos paradoxos inerentes ao conjunto de regras. De novo, estamos a salvo do paradoxo, na medida em que o estamos, porque estamos empenhados em esforços práticos ricos e estáveis que nos mantêm longe das regiões do paradoxo.

Essas reflexões, se corretas, resultam na ideia de que os filósofos (e outros) podem simplesmente estar errados em tentar encontrar sistemas coerentes de regras que subjazem às nossas instituições linguísticas, morais e legais. Quanto a mim, deixei de pensar que a suposição de coerência subjacente é até mesmo uma boa hipóte-

---

25 Como as práticas de advogados "afiados" têm mostrado, qualquer situação jurídica pode ser desestabilizada, dados recursos suficientes para buscar uma advocacia irrestritamente zelosa. Nosso sistema jurídico muitas vezes cede sob tal peso. Ele continua a funcionar em grande medida porque a maioria dos litigantes e acusados não tem os recursos (ou, talvez, o estômago) para trazer essa pressão sobre ele.

se de trabalho. Emerson devia ter algo em mente quando disse que "Uma coerência tola é o fantasma das mentes pequenas". Aqui, a palavra "tola" é crucial. Talvez Whitman também tivesse algo em mente com a sua irrupção, "então eu me contradigo". Isso é mera bravata, conversa tola até em um poema, mas a razão dada por ele para se contradizer –"Eu sou amplo, eu contenho multidões"– não é tola. A contradição por vezes decorre da desatenção ou estupidez. Nós, às vezes, simplesmente caímos em contradição. Mas a contradição e outras formas de incoerência também podem surgir porque nós, como seres humanos, levamos vidas complexas e multifacetadas, assumindo compromissos que não podem ser convertidos em uma unidade coerente sem grande perda. Em "The Crack-Up", F. Scott Fitzgerald escreveu que "O teste de uma inteligência de primeira ordem é a habilidade de manter duas ideias opostas na mente, ao mesmo tempo, e ainda reter a capacidade de funcionar". Contradições desse tipo são características de muitas (talvez todas) grandes posições filosóficas, incluindo as de Platão, Descartes, Espinosa, Hume, Kant e Wittgenstein (tanto o primeiro como o tardio). Todos esses filósofos estavam comprometidos com concepções conflitantes que não podiam abandonar, mas também não podiam conciliar completamente. Entender uma posição filosófica é frequentemente uma questão de identificar e avaliar as forças conflitantes que se encontram dentro dela. Quando disse em sua defesa "Eu sou amplo, eu contenho multidões", Whitman podia não estar descrevendo a si mesmo com precisão, mas ele estava, em todo caso, descrevendo muitos desses filósofos que ainda são dignos de serem levados a sério.

Uma nota de encerramento. Acima, expressei minha opinião – uma opinião derivada em grande medida de Wittgenstein, segundo a qual as regras que governam o pensar e agir humanos são propensas ao dilema e funcionam com sucesso, na medida em que funcionam, somente por serem ludwigeanas. Não pretendo ter estabelecido essas teses; de fato, mal dei alguns passos nessa direção. Por exemplo, opinei que nenhuma solução proposta para o paradoxo do mentiroso é tanto tecnicamente correta como intuitivamente plausível. Estabelecer essa opinião envolveria um exame cuidadoso de várias soluções propostas para mostrar, uma a uma, que cada uma delas é inadequada. Mesmo que esse exame fosse feito, ainda deixaria aberta a possibilidade de que ainda se pode encontrar uma solução adequada ao paradoxo do mentiroso. Não tenho nenhuma ideia de como essa possibilidade poderia, em princípio, ser eliminada. Assim, não tentei *provar* nada nessa área (ou nas áreas ética e jurídica) mas, em vez disso, sugeri uma maneira de olhar para certos problemas filosóficos que vai profundamente contra a maneira tradicional de tratá-los.

Essas reflexões apontam para outra ideia, mais perturbadora. Não somente a filosofia, tal como tradicionalmente empreendida, é incapaz de descobrir ou fornecer os fundamentos que busca, como o empreendimento filosófico pode, ele mesmo, desalojar os pilares contingentes e factuais dos quais nossa vida cotidiana depende. Se é assim, então filosofar de certa maneira irrestrita não somente revela a precariedade de nossa vida intelectual, mas realmente a torna mais precária. Esse é o tema dos próximos dois capítulos.

CAPÍTULO 3
A razão pura e suas ilusões

A razão humana tem o destino peculiar, em um determinado domínio de seu conhecimento, de se ver atormentada por questões que não pode ignorar, pois lhe são impostas por sua própria natureza, mas às quais, por transcenderem todos os seus poderes, também não é capaz de responder. Não é por culpa sua que cai nessa perplexidade. Parte de princípios, cujo uso é inevitável no decorrer da experiência e, ao mesmo tempo, suficientemente justificados por esta. Ajudada por esses princípios eleva-se cada vez mais alto (como de resto lhe determina sua natureza) para condições mais altas e mais remotas. Porém, logo se apercebe de que, dessa maneira, a sua tarefa há de ficar sempre inacabada, porque as questões nunca se esgotam; vê-se obrigada, por conseguinte, a refugiar-se em princípios que ultrapassam todo o uso possível da experiência e, não obstante, estão ao abrigo de qualquer suspeita, pois o senso comum está de acordo com eles. Assim, a razão humana cai em obscuridades e contradições.

Immanuel Kant, "Prefácio A", *Crítica da Razão Pura*

Nos dois capítulos anteriores, apresentei-me como um defensor ambivalente da razão. Eu sustentei a razão no primeiro capítulo, ao afirmar que é um erro tolo negar a lei de não contradição, apesar de uma longa história de afirmações filosóficas contra ela. Então, no segundo capítulo, dei a impressão de trocar de lado, ao manter que a consistência não é uma exigência suprema – ou seja, uma exigência que supera todas as outras. Especificamente, rejeitei o princípio de que nunca devemos empregar um sistema de regras que contenha alguma inconsistência até esta ser satisfatoriamente removida. Também sugeri que a ameaça de inconsistência é um aspecto difundido das regras que governam nossas vidas cognitivas. A difusão dessa inconsistência é uma das coisas que faz nossa vida como animais racionais precária.

Não sou, claramente, um racionalista convicto, alguém com plena fé no poder do intelecto para expandir o nosso entendimento do mundo que nos rodeia e de exercer um controle benigno sobre a vida que levamos. Essa concepção otimista do poder da mente humana está associada, muitas vezes falsamente, ao Iluminismo do século XVIII. De acordo com a história às vezes contada, o ideal Iluminista saiu de moda no século XIX e foi refutado com sangue no século XX. Minha própria concepção pode ser chamada de racionalismo circunspecto. É a concepção de que nossas faculdades intelectuais fornecem nosso único meio para compreender o mundo em que nos encontramos. Não há outro acesso confiável a ele. De outro lado, a ameaça permanente da contradição, examinada no capítulo anterior, mostra que o ideal de um entendimento coerente do mundo que habitamos não é facilmente atingido e talvez nunca seja completamente atingível.

Este capítulo examina outro obstáculo, mais perturbador, para o entendimento de nós mesmos e de nosso mundo. A razão, considerada em si mesma, não somente não satisfaz seus ideais, mas, na verdade, cria impedimentos para seu próprio progresso. Embora os céticos antigos tenham antecipado essa ideia, ela foi plenamente articulada, pela primeira vez, por Hume de uma maneira e, depois, por Kant, de outra. Tanto Hume como Kant foram além da afirmação de que a razão é simplesmente muito fraca para nos dar conhecimento completo do universo em que habitamos – um tema comum do ceticismo antigo. Ambos, cada um à sua maneira, fizeram a afirmação mais profunda e perturbadora de que a razão, na sua forma mais pura, gera ilusões que, no fim das contas, frustram os esforços da razão. Este capítulo concentra-se na maneira de Kant contar essa história inquietante. O próximo considera a de Hume.

Muitos detalhes da posição assustadoramente difícil de Kant não precisam nos preocupar. Aqui, concentrar-me-ei somente em dois temas centrais para a sua filosofia. O primeiro é que o mundo como o apreendemos é formado ou organizado por categorias ou conceitos impostos pela mente. O mundo como nos aparece não é um dado puro dos sentidos, mas é, em vez disso, um produto unificado do que os sentidos nos dão e do que a mente impõe. O segundo tema é que o aparato conceitual que fornece essa estrutura inevitavelmente levará a desastres intelectuais quando aplicado a questões muito além da experiência. A passagem citada no início deste capítulo captura de maneira vigorosa essa ideia de que o "destino peculiar" da razão pura, quando irrestrita, é levar a si mesma a "obscuridades e contradições". O segundo tema, a crítica de Kant à razão pura, é mais diretamente relevante para o exame da nossa vida precária como animais racionais, mas esse tema pressupõe o primeiro, então começarei por este.

Para Kant, a percepção que não é estruturada pelo pensamento é cega, ou seja, é incapaz de servir como base para o conhecimento.[1] Nesse assunto, Kant parece ter vencido. A ideia oposta de que o conhecimento é, em última instância, baseado na experiência pura, não tingida pelo pensamento – um "meio de notícias puras e não

---

1 Ver Kant, 1953, A51.

adornadas", como Quine o chama – é agora quase universalmente rejeitada.[2] Ela é com frequência descartada de imediato com o rótulo "o mito do dado". Este, então, é o primeiro ponto kantiano: a experiência, pelo menos se deve desempenhar um papel no conhecimento, precisa ser estruturada de forma conceitual. É comumente dito que essa estrutura ou organização é imposta por estruturas conceituais ou esquemas conceituais.

Com respeito às estruturas conceituais, podemos pensar em dois casos extremos. No que podemos chamar de versão conservadora ou fechada, sustenta-se que *uma única estrutura compartilhada de categorias ou conceitos básicos* organiza a experiência humana, pelo menos em seu nível mais básico. Essa era a concepção de Kant. Ele sustentou que o mundo, como apreendido por seres humanos, é um sistema de estruturas unificadas e introduzidas pela mente. Essas estruturas incluem toda a estrutura espaçotemporal, na qual experienciamos os eventos que estão acontecendo. Elas também incluem o sistema de relações causais que existem entre os objetos que ocupam essa estrutura. Com respeito a essas estruturas fundamentais, a mente, para Kant, legisla sobre a natureza.[3] Kant sustentou ainda, e tentou provar, que essas estruturas são condições necessárias para a própria experiência e, portanto, precisam ser compartilhadas por todas as criaturas racionais que apreendem o mundo como nós, por meio da experiência. Temos, assim, relativismo conceitual sem pluralismo conceitual. A experiência é relativizada a uma estrutura categorial, mas não há uma relativização adicional, pelo menos em nenhum aspecto profundo, a uma pluralidade de possíveis esquemas conceituais. Essa concepção conservadora das estruturas conceituais tem a vantagem de proporcionar uma base para a inteligibilidade mútua. Se no fundo todos os seres humanos compartilham o mes-

---

2 Quine, 1960, p. 2 (p. 22).

3 Mais precisamente: "o entendimento não extrai as suas leis (*a priori*) da natureza, mas prescreve-lhas"; Kant, 1950, seção 36.

mo aparato conceitual básico – portanto, a mesma concepção da estrutura básica do mundo –, então não é surpreendente que sejamos capazes de entender um ao outro mesmo através das grandes divisões culturais.[4]

No outro extremo, temos uma concepção que chamarei de relativismo radical ou, para usar um termo agora em voga, perspectivismo radical. Protágoras expressou uma versão de perspectivismo radical quando afirmou que cada pessoa individual é a medida de todas as coisas.[5] Nietzsche recomendava uma versão extrema de perspectivismo ao sustentar que a visão do mundo de uma pessoa é uma função da personalidade afirmadora ou negadora de vida dessa pessoa. (Afirmadores de vida são heraclitianos; negadores de vida são parmenidianos.)[6] A hipótese de Whorf, em linhas gerais, a tese de que a visão de mundo de uma cultura é uma função da estrutura de sua linguagem, é outro exemplo de perspectivismo.[7] Assim, o

---

4 A noção de Noam Chomsky de que todas as línguas naturais, apesar de suas diferenças superficiais, estão baseadas em um sistema compartilhado deuniversais linguísticos fornece outro exemplo de uma estrutura que é compartilhada por todos os seres humanos (sãos). Na sua abordagem, podemos entender mais uma vez como é possível para uma pessoa entender a outra. Também podemos entender como é possível fazer traduções razoavelmente boas de uma língua para outra, mesmo quando a gramática superficial das duas línguas é notavelmente dissimilar. Para mais sobre esse assunto, ver o clássico de Noam Chomsky *Linguística cartesiana* e o livro acessível de Stephen Pinker, *O Instinto da linguagem*.

5 Alguns especialistas sustentaram que a máxima protagórica que diz que o homem é a medida de todas as coisas se refere à humanidade em geral, não às pessoas individualmente, fazendo de Protágoras uma espécie de chauvinista. Platão, que estava mais próximo de Protágoras do que nós, não o entendia assim, nem eu o farei.

6 Alexander Nehamas dá uma explicação favorável do perspectivismo de Nietzsche em Nehamas, 1998.

7 Embora não seja inteiramente fácil dar uma formulação precisa da hipótese de Whorf, ela teve uma grande (e, na minha opinião, amplamente infeliz) influência. Para a versão dele da história, ver Whorf, 1956

perspectivismo assume várias formas, dependendo do tipo de perspectivas que a posição concebe.

O perspectivismo também é adotado por várias pessoas que se declaram pós-modernas. Na sua forma mais radical, o perspectivismo envolve um compromisso com afirmações do seguinte tipo:

> Uma pluralidade (talvez uma pluralidade infinita) de perspectivas é possível.
>
> Todo juízo, incluindo juízos sobre outras perspectivas, é feito de dentro de uma perspectiva.
>
> Nenhuma perspectiva é privilegiada no sentido de ser inerentemente superior a outras.
>
> O sistema de perspectivas não contém nenhum ponto de vista arquimediano, isto é, não contém nenhum ponto de vista neutro do qual as perspectivas podem ser inspecionadas.
>
> Não há juízes de perspectivas desinteressados.
>
> Não há nenhuma visão do mundo do olho de Deus.
>
> E assim por diante.

Ao contrário da versão kantiana da relativização da experiência a conceitos, na qual a inteligibilidade mútua é explicável, os perspectivistas radicais comumente insistem em que as pessoas com uma perspectiva acharão as concepções de outras pessoas com perspectivas radicalmente diferentes totalmente falsas, estúpidas, absurdas, malignas ou puramente sem sentido. Nessa abordagem, nossos esquemas conceituais nos isolam de pessoas envolvidas em esquemas conceituais concorrentes, produzindo assim falhas de comunicação em uma escala cósmica. Quando as perspectivas são relativizadas a pessoas *individuais*, então o solipsismo conceitual parece ser o resultado inevitável. Cada um de nós existe em um estado de solidão craniana, completamente sem contato com o que se passa na cabeça dos outros. Falhas de comunicação tornam-se a regra, não a exceção.[8]

Todos os relativistas conceituais, sejam conservadores ou radicais, tratam objetos como constructos. No cenário contemporâneo, há uma tendência generalizada de tratar objetos – talvez todos os objetos – como constructos sociais.[9] Está claro que algumas coisas são constructos sociais. Dinheiro, por exemplo, é um constructo social. Sem um sistema de convenções mutuamente aceito, não haveria tal coisa como o dinheiro. Valor monetário, como Hume viu muito tempo atrás, não é um valor natural. Não é, contudo, sempre óbvio se alguma coisa é um constructo social ou não. Locke, por exemplo, pensava que a posse de uma propriedade refletia uma relação natural. Para ele, a noção primordial da posse de um objeto é uma função do trabalho que se coloca nesse objeto. Marx sustentou uma concepção similar. Hume, ao contrário, sustentou que a propriedade reflete uma relação convencional determinada pelas leis que protegem as pessoas de terem coisas tomadas delas. Hume argumentou que muitas coisas comumente consideradas naturais eram, em vez disso, convencionais ou (para usar seu termo) artificiais, mas ele nunca abandonou a distinção entre o natural e o artificial. Ele teve o bom senso de ver que a convenção, para existir, precisa basear-se em algo que não é convencional. Convenções, para funcionarem, precisam de algo não convencional sobre o qual construir e dar forma. Muitos escritores do cenário contemporâneo não são abençoados com um bom senso similar. Não somente várias instituições humanas são tratadas como constructos, mas distinções biológicas e eventos históricos também são tratados como construc-

---

8 Em "On the Very Idea of a Conceptual Scheme", Donald Davidson oferece uma crítica bem conhecida da noção de que esquemas conceituais conflitantes podem isolar as pessoas umas das outras. Foi reimpresso em Davidson, 1984.

9 John Searle apresenta uma teoria dos constructos sociais detalhada e acessível, incluindo críticas afiadas àqueles que baseiam conclusões relativistas extremas nessa noção, em Searle, 1995.

tos. Não somente ser um cônjuge é tratado como um constructo social, o que é verdade, mas o gênero também é tratado assim. Talvez por causa de um desejo de chocar, algumas pessoas tratam eventos históricos – por exemplo, a Guerra Civil Americana e o Holocausto – como constructos. Às vezes, as pessoas que falam dessa forma insistem que designar algo como constructo não nega a sua realidade, pois todas as coisas são constructos. Mas dificilmente restaura-se o senso de realidade de alguém dizendo-lhe que os eventos do Holocausto são exatamente tão reais quanto os eventos narrados em livros infantis ou de mitologia clássica.

O perspectivismo não tem de ser tão extremo, embora frequentemente o seja. Também é possível que as pessoas que dizem essas coisas estapafúrdias estão apenas expressando mal ou de maneira exagerada algo que poderia ser verdadeiro e talvez mesmo importante – assim como aqueles que negam a lei de não contradição podem, às vezes, estar tentando dizer algo que é correto, mas estão fazendo isso de uma maneira bastante inapropriada. A presente tarefa, contudo, é avaliar o perspectivismo radical considerado em si mesmo. O que deveríamos dizer sobre o perspectivismo radical, supondo que aqueles que apresentam tal concepção realmente querem dizer o que dizem?

Há maneiras bem conhecidas de atacar o perspectivismo radical e outras formas de relativismo radical. Elas frequentemente envolvem argumentos *ad hominem*. A seguinte conversa, que diz respeito ao perspectivismo protagórico, ocorre no *Teeteto* de Platão. Sócrates descreve a posição de Protágoras nestas palavras:

> Ele diz, ou não diz, que as coisas são para cada homem o que elas lhe parecem ser?

Após o interlocutor concordar que Protágoras defende essa concepção, Sócrates aplica a teoria protagórica à doutrina do próprio

Protágoras, mostrando, entre outras coisas, que ela tem a seguinte característica "excelente":

> Sócrates. — Protágoras admite, parece-me, que a opinião contrária à sua própria opinião (a saber, que ela é falsa) deve ser verdadeira, vendo que ele aceita que todos os homens julgam o que é.
> Teodoro. — Sem dúvida.
> Sócrates. — E, concedendo a verdade da opinião daqueles que pensam que ele está errado, ele está realmente admitindo a falsidade de sua própria opinião?
> Teodoro. — Sim, inevitavelmente.
> Sócrates. — Mas, por sua parte, os outros não admitem que eles próprios estão errados?
> Teodoro. — Não.[10]

Então, o pobre Protágoras precisa admitir que as outras pessoas estão certas quando negam o que ele diz, enquanto seus oponentes não têm a obrigação de fazer semelhante concessão a Protágoras. Não penso que o argumento de Sócrates refute a versão protagórica do perspectivismo – nem penso que Platão pensava que refutasse. Não há absolutamente nenhuma razão pela qual Protágoras não possa manter-se firme e sustentar que sua teoria, embora verdadeira para ele, pode bem ser falsa para outros. Longe de refutar sua teoria, isso somente a ilustraria.

Parece simplesmente um fato que, em certas circunstâncias, o perspectivismo radical pode parecer invencivelmente verdadeiro. Apesar da falta de bons argumentos a seu favor, uma pessoa pode ser irresistivelmente atraída por ele. Sentimos o impulso de dizer "tudo é relativo" – investindo essas palavras com um tom particular de profundidade. Nesse estado de espírito, nem parece necessário especificar em relação *a que* tudo é supostamente relativo. Temos

---
10 Platão, 1990, 171a-b, 298.

uma sensação geral da relatividade das coisas; a elaboração dos detalhes é comparativamente menos importante.[11] Eis um exemplo real de alguém, sem nenhuma razão aparente, aceitando uma versão linguística do perspectivismo radical. Quando eu era um aluno de graduação, ouvi um distinto físico francês dando uma conferência sobre filosofia da ciência. Em meio às coisas interessantes que ele disse sobre os problemas filosóficos levantados pela mecânica quântica, ele se sentiu inclinado a fazer a seguinte digressão:

> Mas, claro, o céu não era azul antes de alguém chamá-lo de "azul".

Quando um intelectual francês diz "mas, claro", naquela maneira particularmente francesa de dar-de-ombros, é certo que algo perfeitamente estapafúrdio está prestes a ocorrer, como de fato ocorreu nesse caso. Olhando à minha volta, vi muitas cabeças balançando em assentimento e nem uma única pessoa mostrando uma descrença atordoada em que um distinto físico pudesse proferir uma falsidade física tão transparente. Pressionando-o sobre o assunto, perguntei se ele realmente pensava que, em determinado momento do passado, alguma pessoa chamou o céu de azul e então (*voilà!*), porque ela fizera isso, o céu revestiu-se daquele tom. Se sim, que explicação física concebível poderia ser dada para um evento tão extraordinário? Como proferir as palavras "isso é azul" (ou "C'est bleu") poderia causar uma mudança fundamental nas propriedades difrativas da atmosfera superior? Ele respondeu que gostaria que se considerasse seu comentário filosoficamente, não cientificamente. Sob pressão adicional, ele recuou para o que equivalia à afirmação de que o céu não era chamado de azul até ser chamado de azul – o que é verdade. Ele estava desbaratado; eu, contente.

---

11 Pode-se atribuir um senso similar de profundidade à frase "tudo está conectado", na qual não parece importar o que as conexões efetivamente são. É-se simplesmente impressionado com a junção das coisas.

Quarenta anos depois, ainda estou um pouco contente – não contaria a história se eu não estivesse. No entanto, agora é claro para mim que não tratei das questões realmente importantes:

> Por que há uma tentação em pensar que algo é profundamente verdadeiro quando, considerados em rodeios, é obviamente falso?
> Como é que a óbvia falsidade parece não importar – parece trivial em comparação com a profundidade da ideia na qual se insiste?
> Porque o senso comum ou mesmo as refutações científicas parecem completamente ineficientes contra essas afirmações?

Quando Samuel Johnson chuta uma pedra, numa tentativa de refutar a concepção de Berkeley de que nenhuma objeto material existe, o idealista responde que Johnson, longe de refutar Berkeley, nem sequer provou a existência de seu próprio pé. Uma pessoa que afirma ter mostrado que o tempo é irreal permanece imóvel diante da pergunta retórica "quando você provou isso?". A mesma situação aplica-se a várias formas de perspectivismo radical. Mostrar que essas posições vão contra o senso comum não surte nenhum efeito, pois o que é realmente importante ao adotar essas concepções é minar ou desmascarar o senso comum.

De fato, não penso que exista alguma maneira direta de refutar o perspectivismo radical – assim como não existe uma maneira direta de refutar aqueles que se recusam a aceitar a lei de não contradição. Ambas as manobras protegem-se da refutação, embora de maneiras diferentes. Negar a lei de não contradição, com efeito, destrói toda argumentação, inclusive a refutação. O perspectivismo radical alcança o mesmo resultado ao tornar qualquer afirmação ou argumento tão bom quanto qualquer outro. Ao fazer isso, ele torna a réplica "sim, isso é o que você diz" em algo totalmente intransponível.[12] Em vez de tentar refutar o perspectivismo radical, penso que temos de ir mais fundo e tentar encontrar suas fontes.

Kant fornece esse diagnóstico. A meu ver, esse é o aspecto mais profundo da sua filosofia. Já notamos que Kant foi o primeiro filósofo a dar uma formulação totalmente sistemática da doutrina de que a nossa visão do mundo é formada ou condicionada pelo esquema conceitual que impomos a ele. Embora Kant não fosse um perspectivista radical, foi dessa semente que o perspectivismo radical cresceu. Chega-se ao perspectivismo radical substituindo o esquema categorial único e necessário de Kant por uma pluralidade de sistemas categoriais concorrentes. Kant, no entanto, advertiu sobre o uso indevido de categorias que organizam a nossa experiência: é somente em conjunção com algo *não* conceitual que essas categorias encontram um emprego legítimo. Muitos dos nossos perspectivistas contemporâneos ignoramprecisamente essa restrição. Eles não veem que a relação entre conceitos e percepções é recíproca. Como Kant, mais uma vez, diz, "percepções sem conceitos são cegas", mas, como ele acrescenta em seguida, "conceitos sem percepções são vazios". Aqui, Kant sem dúvida atenua sua própria posição. Para ele, conceitos sem percepções não são simplesmente vazios, mas às vezes são perigosos. Essa é a segunda tese fundamental da posição de Kant apresentada no início deste capítulo: nosso aparato conceitual, quando irrestrito pela experiência, gera desastres intelectuais.

Como Kant viu, há fortes impulsos que nos levam a empregar nossos conceitos de maneiras que não são restritas pela experiência – isto é, dando-lhes, como ele diz, emprego puro ou empiricamente livre. Um problema em confiar na experiência é que ela está em grande parte fora de nosso controle e concepções baseadas nela estarão sempre sujeitas a refutação futura. Mais tarde, John Dewey insistiu numa ideia semelhante quando identificou a nossa busca por certeza – a nossa procura por garantia completa – como a fonte de nossos de-

---

12 Devo essa compreensão a uma piada que me foi contada por Harry Frankfurt.

sejos metafísicos.[13] Mais profundamente – e essa é a ideia primordialmente enfaztizada por Kant – o conhecimento empírico sempre nos parece incompleto, sempre deixando perguntas não respondidas. O conhecimento empírico diz respeito ao mundo como este é. Quando se diz que o universo é governado por certas leis físicas, uma pessoa comprometida com ideais racionais quer saber porque vigem essas leis, em vez de outras. Naturalmente, queremos saber se essas leis são supremas ou se, talvez, são baseadas em outras leis ainda mais profundas. Quando essas leis profundas são descobertas, as mesmas perguntas são simplesmente renovadas. A incompletude inerente a todas as explicações empíricas pode, no fim, fazer o mundo parecer, em sua raiz, fundamentalmente ininteligível. Em contraste como dístico celebrativo de Pope, em seu *Ensaio sobre o homem*:

> A natureza e as leis da natureza jaziam escondidas na noite
> Deus disse, "Faça-se Newton", e tudo ficou claro.

Hume viu mais profundamente quando observou:

> Enquanto parecia retirar o véu de alguns dos mistérios da natureza, Newton mostrou ao mesmo tempo as imperfeições da filosofia mecânica e, portanto, devolveu seus segredos últimos àquela obscuridade, na qual sempre permaneceram e sempre permanecerão.[14]

A razão humana recebe as leis empíricas básicas, mesmo se descobertas, como meramente brutas, portanto insatisfatórias, mesmo se verdadeiras.

---

13 Este tema percorre os escritos de Dewey, assumindo o papel principal em Dewey, 1929.

14 Hume, 1983, vol. 6, p. 574.

Devido ao nosso desejo de certeza e, mais profundamente, ao nosso desejo de conhecimento completo e incondicionado, a mente, segundo Kant, naturalmente tenta liberar seus conceitos de suas limitações empíricas. Entramos assim, em suas palavras, no projeto da razão pura. O resultado, segundo Kant, é o inevitável desastre intelectual. Livres das restrições empíricas, nossas discussões são reduzidas, como ele diz, a

> Mera conversa, na qual com certa plausibilidade defendemos ou, se for nossa escolha, atacamos toda e qualquer afirmação possível.[15]

Nas palavras de Kant, a razão agora se tornou dialética. Temos somente meras palavras confrontando meras palavras.

A passagem acima citada tem outra característica importante: Kant fala de uma certa plausibilidade associada aos resultados dessa reflexão pura. Essas ilusões dialéticas, como Kant notou, compartilham uma característica importante com as ilusões perceptivas. Apesar de podermos tomar precauções para não sermos enganados por elas, não se pode eliminar sua atração ilusória por meio do raciocínio. O diagrama Müller-Lyer ilustra isso. Se ignorarmos as caudas, a linha A claramente parece mais longa que a linha B.

---

15 Kant, 1953, p. 99 (p. 95).

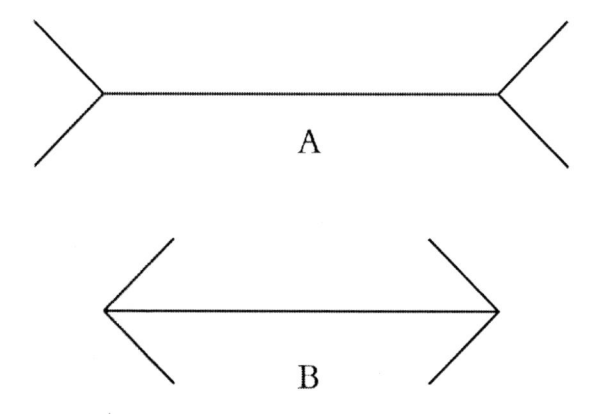

Se medirmos essas linhas, descobriremos que A e B são iguais em comprimento. Mas, embora *saibamos* agora que seus comprimentos são os mesmos, esse saber não muda a maneira como eles nos *aparecem*. Não está em nosso poder intelectual mudar a aparência delas. De acordo com Kant, estamos na mesma situação no que diz respeito às ilusões intelectuais – ilusões impostas a nós não pela percepção, mas pela razão pura. Mesmo depois de termos aprendido a reconhecer essas ilusões e nos precavermos contra elas, elas ainda se apresentam como especialmente atraentes. A maioria das pessoas não tem nenhuma concepção das ilusões intelectuais e, portanto, não está alerta para os danos profundos que essas podem produzir. Isso inclui muitos filósofos, os quais, desde que Kant soou o alarme, deveriam estar conscientes. Ademais, ilusões perceptivas geralmente se apresentam como meras curiosidades, enquanto ilusões intelectuais trazem consigo um senso de importância e profundidade. Ilusões perceptivas podem comumente ser detectadas usando procedimentos simples, de senso comum, enquanto ilusões intelectuais são resistentes ao bom senso. E o pior de tudo é que ilusões intelectuais podem passar completamente despercebidas em segundo plano, distorcendo e desarticulando nossos pensamentos sem que tenhamos a menor ideia de que isso está acontecendo.

Porque pensou que era possível dar uma explicação completa da estrutura conceitual subjacente da mente, Kant também pensou ser possível dar uma explicação completa dos tipos de ilusões intelectuais que surgem do mal uso do nosso aparato conceitual.[16] Sua ideia principal era esta: quando empregamos categorias fundamentais sem restrições empíricas, podemos ser capturados pela ideia de que encontramos estruturas necessárias do próprio mundo em vez de simplesmente aquelas para dar uma representação coerente do mundo.[17]

Kant sustentou que três edifícios conceituais imponentes, mas completamente falsos, têm suas fundações no uso puro – portanto, mal-uso – das categorias básicas da experiência. Esses são os campos da *cosmologia racional*, que diz respeito à natureza e à origem do mundo físico; da *psicologia racional*, que diz respeito à natureza, em particular à imortalidade, da alma humana; e da *teologia racional*, que diz respeito à natureza e à existência de Deus. Cada um desses campos apresenta-nos provas que, embora inválidas, podem nos parecer, pelo menos em certas circunstâncias, profundamente persuasivas. De fato, essas provas são com frequência tão obviamente inválidas que é difícil entender como alguém poderia seriamente propor sua aceitação. No entanto, é verdade que muitas pessoas capazes de distinguir uma prova inválida de uma válida podem persistir no

---

16 Kant pensava que as várias formas que as ilusões dialéticas podem tomar estão baseadas nas várias formas que os argumentos podem tomar. Poucos acham esse aspecto de sua posição persuasivo. Como essa doutrina não é necessária aos meus propósitos, não tratarei dela.

17 Wittgenstein expressou uma concepção similar nestas palavras:
Acredita-se que se está seguindo repetidamente o contorno da natureza de uma coisa, mas se está somente seguindo a forma por meio da qual a contemplamos. Wittgenstein, 1958, §114.

pensamento de que, apesar da manifesta falta de validade, certas provas, digamos, da existência de Deus, contêm intuições importantes sustentando-as. Pode persistir a sensação de que estamos de posse de uma prova da existência de Deus, mesmo se não pudermos articulá-la. Kant, de sua parte, não aceitaria nada disso. A seu ver, provas teóricas da existência de Deus são impossíveis e o pensamento de que lá no fundo deve haver alguma coisa nelas exibe somente a influência persistente de uma ilusão intelectual.[18]

Uma das ideias mais importantes de Kant é que ilusões intelectuais frequentemente ocorrem como pares competidores e incompatíveis. Um tipo de ilusão nos inclina a aceitar como necessária a existência de seres absolutos ou incondicionados, enquanto ilusões do outro lado nos inclinam à concepção oposta de que tudo é inteiramente relativo e condicionado. Pensamos que deve haver uma razão última para a existência das coisas – senão, estamos tentados a pensar, nada poderia existir de maneira nenhuma. Mas, assim que identificamos alguma coisa como a razão última, isto é, tão logo fazemos dela um objeto de pensamento e aexaminamos cuidadosamente, nos sentimos levados a investigar a *sua* razão. Por causa dessa competição entre ilusões opostas, Kant fala em ilusões *dialéticas*. Elas têm importância especial para nós porque frequentemente estão por trás, e aparentemente as tornam urgentes, das escolhas radicais mencionadas na introdução. Enquanto a escolha radical for aceita, a rejeição de uma das ilusões nos compromete com a outra. O que se precisa ver é que a escolha entre ilusões é, ela mesma, uma escolha ilusória.

Essa tendência ao ioiô, de ir para um lado e para o outro, de uma escolha radical é ilustrada em uma conversa nos *Diálogos sobre a religião natural* de Hume. Cleantes, um representante da religião

---

18 Kant defendeu, no entanto, que certas considerações éticas podem fornecer uma base racional para postular a existência de Deus, junto com a liberdade da vontade e a imortalidade da alma. Eu gostaria que ele não tivesse feito isso.

natural, apresentou uma versão bastante comum do argumento do desígnio – a assim chamada prova teleológica da existência de Deus. Em linhas gerais, a ordem, a beleza e a organização do mundo são inteligíveis somente supondo que ele foi criado por um ser inteligente. Baseando-se nisso, Cleantes dá por encerrada sua prova de uma divindade. Em resposta, Filo, o "descuidado"– isto é, despreocupado– cético, simplesmente leva a investigação mais um passo atrás, perguntando:

> Como... poderíamos nos dar por satisfeitos com relação à causa daquele Ser que você toma como o Autor da Natureza, ou, de acordo com seu sistema antropomórfico, daquele mundo ideal no qual você encontra a origem do mundo material? Não teríamos iguais razões para buscar a origem desse mundo ideal em outro mundo ideal, ou princípio intelectivo?[19]

Cleantes responde:

> A ordem e arranjo da Natureza, o notável ajustamento das causas finais, os manifestos usos e propósitos de cada parte e cada órgão; tudo isso anuncia, na linguagem mais clara, a existência de um autor ou causa inteligente. Os céus e a terra juntam-se no mesmo testemunho; todo o coro da Natureza compõe um hino às glórias de seu Criador. Somente você, sozinho ou quase sozinho, perturba essa harmonia geral. Você levanta dúvidas, sofismas e objeções abstrusas. Você me pergunta: qual é a causa dessa causa? Não sei, não me preocupo, isso não me diz respeito. Eu encontrei uma Divindade e aqui de-

---

19 Hume, 1947, p. 161 (p. 64).

tenho minha investigação. Os que forem mais sábios ou empreendedores, que sigam adiante.[20]

E Filo retruca:

Não pretendo ser nenhuma dessas coisas... e talvez por isso mesmo jamais deveria ter tentado ir tão longe, especialmente porque me apercebo de que, no final das contas, devo contentar-me com a mesma resposta com a qual, sem maiores aborrecimentos, eu poderia ter-me satisfeito desde o início. Se tenho de permanecer na total ignorância das causas, sem poder explicar absolutamente nada, que vantagem haverá em livrar-me momentaneamente de uma dificuldade que, como você reconhece, deve imediatamente reaparecer com toda sua força?[21]

Não devemos permitir que a desenvoltura e a elegância da escrita de Hume mascare a profundidade de suas ideias. Quando faz Cleantes declarar "Eu encontrei uma Divindade, e aqui detenho minha investigação", Hume expressa a exigência de um fechamento, anulando o que é, no final das contas, uma crítica perfeitamente boa. A característica importante da resposta de Filo é sua completa generalidade: ela se aplica a todo argumento causal, não somente ao argumento causal de Cleantes em favor da existência de Deus. Como a busca por causas de causas não tem fim, cada explicação causal não pode nunca fazer mais do que "livrar-[nos] momentaneamente de uma dificuldade que ... deve imediatamente reaparecer com toda sua força".

Kant chama essas competições entre ilusões opostas de *antinomias*. A primeira antinomia que ele examina gira em torno da seguinte questão: se o mundo teve ou não um começo no tempo. A tese da primeira antinomia é que ele deve ter tido um começo no

---

20 Hume, 1947, p. 163 (p. 67).

21 Hume, 1947, p. 163 (p. 67-68)

tempo; a antítese é que ele não poderia ter tido. Começando pela tese, por que alguém pensaria que o mundo não poderia ter existido desde sempre no tempo? A resposta, expressa de maneira muito breve, é que se o mundo existisse desde sempre no tempo, então não haveria nenhuma razão última pela qual ele devesse ter existido. Poderíamos, certamente, ser capazes de explicar por que o mundo existiu em um tempo, ao associá-lo causalmente à sua existência em um tempo anterior. Essa explicação, no entanto, não nos leva a lugar algum, pois deixa completamente inexplicado por que a corrente causal existe. Aqui, a voz da razão está falando com sua exigência pelo incondicionado, pelo acabado.

Voltemo-nos agora para a antítese e consideremos a possibilidade de que o mundo teve um começo no tempo. Somos inevitavelmente levados a perguntar o que causou o seu começo *naquele* momento em vez de em qualquer outro. Na concepção sustentada na tese, pede-se que consideremos um período homogêneo e sem fim de tempo vazio abruptamente interrompido pela aparição do mundo. Como qualquer momento é tão bom quanto qualquer outro para o surgimento do mundo, não parece haver, em princípio, nenhuma maneira de responder à questão: por que naquele momento em vez de em qualquer outro momento? Pouco ajuda trazer Deus para a questão, pois um período homogêneo de tempo sem eventos não fornece nenhuma base, mesmo para Deus, para criar um mundo em um momento em vez de em outro momento. (Dizer que os caminhos de Deus não são os caminhos do homem é simplesmente jogar a toalha). Aqui, a voz do entendimento crítico está falando, rejeitando todas as tentativas de fechamento.

Esse impasse dialético tem várias características interessantes. Primeira, a tese e a antítese procedem tentando reduzir sua oposta ao absurdo. Na tese, a reflexão sobre um mundo que existe voltando indefinidamente no tempo deve revelar o absurdo dessa ideia. Na antítese, a reflexão sobre um mundo passando a existir abruptamente em um momento em vez de outro deve nos parecer totalmente arbitrária. Uma segunda característica importante da tese e da antítese é que ambas se apoiam em algo como um princípio de razão suficiente – só que elas o aplicam em níveis diferentes. Na tese, o princípio é aplicado globalmente: é preciso haver uma única razão última para a obra completa, para toda a cadeia causal. Na antítese, é aplicado às coisas consideradas individualmente – cada uma delas precisa ter sua razão em alguma outra coisa. Para aqueles que são atraídos pela antítese, a contingência regressa infinitamente. Como Filo nos *Diálogos* de Hume, nunca paramos de perguntar por causas.

Bem, quem está certo? O mundo teve um começo no tempo ou não? Não sei a resposta para essa pergunta e penso que ninguém sabe a resposta também, mas espero que uma coisa esteja clara: essa questão não pode ser resolvida por raciocínios dialéticos do tipo examinado. Essa questão não será resolvida favorecendo uma ilusão dialética em detrimento de sua competidora. Será resolvida, se for resolvida alguma vez, por meio da consideração de coisas como a massa total do universo, sua taxa de expansão e assim por diante. Se a questão for resolvida, terá de ser resolvida cientificamente. Essa solução não satisfará nossos desejos metafísicos. Se, por exemplo, finalmente aceitarmos alguma versão da teoria do *Big Bang* por razões científicas, muita gente a considerará completamente contraintuitiva. Para essas pessoas, se o *Big Bang* ocorreu, então (a ciência que se dane) alguma coisa, talvez Deus, precisa tê-lo causado. É estranho, mas verdadeiro, que algumas pessoas encontrem consolo religioso na teoria do *Big Bang*.

Na maioria das vezes, Kant sublinha que a razão, quando se torna dialética, postula entidades básicas imutáveis. Estes são os habitantes típicos da metafísica tradicional *a priori*: Deus, almas, ideias platônicas, átomos indestrutíveis democriteanos e afins. É, no entanto, importante lembrar, como nosso breve exame da primeira antinomia de Kant mostra, que a razão, em seu modo dialético, pode proceder no sentido oposto, rejeitando toda determinação, toda completude, todo fechamento. Ilusões dialéticas desse tipo fornecem, sugiro, a explicação mais profunda para a atração e a natureza compulsória do perspectivismo radical. O raciocínio dialético não só produz um dogma aparentemente irresistível, por exemplo, que um ser necessário precisa existir; em vez disso, para retornar a um tema anterior, ele nos apresenta uma escolha radical: ou um ser absolutamente necessário existe ou tudo é absolutamente contingente (acidental, uma confusão, um mero amontoado, uma bagunça). Ou, mais uma vez: ou um ponto de vista absoluto existe (a visão do olho de Deus) ou inúmeras perspectivas existem, cada uma tão aceitável ou inaceitável quanto qualquer outra.

É surpreendente descobrir que as pessoas aceitam o perspectivismo radical com o mesmo espírito absolutista e *a priori* com que metafísicos fora de moda anteriormente aceitaram a existência de Deus. Suas concepções são igualmente produtos de ilusões dialéticas. Temos o absolutismo cabal em guarda contra o relativismo pleno. Temos pouco interesse em saber se a ilusão reside no polo negativo ou no positivo; o que nos interessa é a fonte comum desses compromissos extremos. Se dermos um passo para trás e evitarmos o partidarismo, veremos que esses adversários primordiais, se bem entendidos, tem muito mais semelhanças do que diferenças.

Como já mencionado, as ilusões dialéticas frequentemente operam por trás dos panos, exercendo sua influência sem serem reconhecidas por aqueles que estão sob seu feitiço. Há, no entanto, vários sinais claros mostrando que as ilusões dialéticas estão trabalhando. Com respeito às ilusões positivas – aquelas que levam alguém a postular seres necessários de um tipo ou de outro – há uma disposição para aceitar provas muito ruins em favor da existência de suas entidades preferidas. Há sempre o problema – frequentemente posto de lado – de explicar como as entidades ideais postuladas estão relacionadas com o nosso mundo não ideal. Por exemplo, se um deus criou o mundo apenas proferindo as palavras "faça-se...", então estamos diante de um modo de produção completamente ininteligível para nós, de maneira que a explicação proposta não é explicação nenhuma. Se, por outro lado, um deus criou um mundo de uma maneira similar à maneira como um relojoeiro faz um relógio, então sabemos o que procurar: indícios de fabricação, tais como coisas aparafusadas ou uma ferramenta perdida acidentalmente deixada para trás.[22] Ninguém, que eu saiba, jamais enveredou por esse caminho para provar a existência de Deus; de fato, aqueles que defendem o argumento do desígnio considerariam mera paródiacolocar a discussão nesse nível. "Não estamos", dirão eles, "procurando um Deus à imagem de Thomas Alva Edison". Claro que não estão. Para o argumento do desígnio ser persuasivo, é essencial manter o conceito de Deus e sua relação com o mundo o mais indeterminado possível. Vazio e falta de especificidade são marcas comuns das ilusões dialéticas no lado positivo de uma escolha dialética.

Também há alguns sinais claros de que o pensamento se tornou dialético de uma maneira negativa. Um sinal é uma tendência de apresentar uma falsidade evidente como uma verdade profunda ("o céu não era azul antes que alguém o chamasse de azul"). Outro é uma tendência (consciente ou não) de fazer afirmações que se refutam ou se anulam a si mesmas. Considere-se a afirmação de que não existe significado. Se verdadeira, é sem significado, mas aquilo que não tem significado não pode ser verdadeiro. Quanto a isso, se é sem significado, também não pode ser falsa. O próximo passo nesse desenvolvimento bizarro é rejeitar as noções de verdade e falsidade e, com elas, a lei de não contradição. Com Kant como nosso tutor, deve estar claro o que está acontecendo aqui: temos diante de nós um novo tipo de absolutismo, um que inverte o absolutismo positivo da metafísica tradicional, produzindo um relativismo absoluto. O relativismo radical em suas várias formas – seja protagórico, seja

---

22 Outra pessoa insistiu nessa ideia, mas não consigo agora lembrar quem era.

pós-moderno – tem todas as marcas da razão tornando-se dialética. Ele negocia na moeda absolutista que erroneamente afirma rejeitar.

***

Na *Crítica da razão pura*, Kant emprega a maravilhosa imagem de uma pomba reclamando que a resistência do ar a desacelera.

> A leve pomba, ao sulcar livremente o ar, cuja resistência sente, poderia crer que no vácuo melhor ainda conseguiria desferir o seu voo. Foi precisamente assim que Platão abandonou o mundo dos sentidos, porque esse mundo opunha ao entendimento limites tão estreitos e, nas asas das ideias, abalançou-se no espaço vazio do entendimento puro. Não reparou que os seus esforços não logravam abrir caminho, porque não tinha um ponto de apoio, como que um suporte, em que se pudesse firmar e aplicar as suas forças para mover o entendimento.[23]

Continuando essa metáfora, deveríamos sempre nos perguntar como uma posição particular consegue ar debaixo de suas asas. Como ela consegue voar? A resposta não pode ser que o ar é sempre suprido por outras asas. Deixando a metáfora de lado, queremos saber como conceitos podem ser controlados em sua aplicação por alguma coisa que não é meramente conceitual. Essa, parece, é a única maneira de impedir o pensamento de se tornar dialético, seja em sua forma positiva, seja em sua forma negativa. Se vamos nos ocupar com metodologia, sua questão fundamental deve ser esta: que restrições impedem uma disciplina particular de se tornar meramente dialética? Se a resposta a essa questão for nenhuma, essa resposta por si mesma mostra que a disciplina perdeu a conexão sistemática com o seu assunto e, como uma disciplina,

---

23 Kant, 1953, p. 47 (p. 41-42).

não é mais que uma ilusão. Aqueles que praticam tal disciplina deveriam envergonhar-se.

Se essa história kantiana que contei em linhas gerais é correta, então nós encontramos ainda mais uma fonte da precariedade da nossa vida como animais racionais. No segundo capítulo, argumentei que os sistemas de regras que governam nossas atividades intelectuais são difusamente propensos ao dilema, isto é, contêm inconsistências (e outras formas de incoerência) que não são facilmente eliminadas e talvez nunca sejam completamente elimináveis. Neste capítulo, notei, seguindo Kant, que nosso aparato conceitual tem uma tendência inerente a elevar-se além das restrições empíricas, com o resultado de nossas cabeças serem preenchidas com fantasias intelectuais profundamente arraigadas – fantasias que se tornam mais perigosas porque se mascaram como verdades profundas e irresistíveis.

Para lidar com ambos problemas – a inconsistência inerente aos sistemas de regras que governam nosso pensamento e a tendência do pensamento para tornar-se dialético – precisamos, sugeri, encontrar alguma maneira de restringir o conceitual pelo não conceitual. Não penso que Kant foi capaz de responder a essa sua pergunta, assim como não tenho certeza se posso respondê-la também. Mas antes de fazer esse esforço de aperfeiçoamento, outra ameaça às nossas vidas enquanto animais racionais precisa ser considerada: o desafio do ceticismo.

CAPÍTULO 4
Ceticismo

*A dúvida cética, tanto em relação à razão como aos sentidos,
é uma doença que jamais pode ser radicalmente curada,
voltando sempre a nos atormentar, por mais que a afastemos,
e por mais que às vezes pareçamos estar inteiramente livres dela.
É impossível, com base em qualquer sistema,
defender seja nosso entendimento sejam os sentidos,
e somente os desprotegemos mais quando
tentamos justificá-los dessa maneira.
Como surge naturalmente de uma reflexão
profunda e intensa sobre esses assuntos,
a dúvida cética sempre aumenta
quanto mais longe levamos nossas reflexões,
sejam estas conformes
ou opostas a ela.*

David Hume, *Tratado da Natureza Humana*

Esta obra diz respeito à vida precária de uma espécie particular de animal, o *Homo sapiens*. Notamos duas maneiras nas quais nossa vida racional é escassa. Primeira, em um exame cuidadoso, descobrimosque muitos dos sistemas de crença nos quais confiamos são inconsistentes, no sentido de, em certas circunstâncias, produzirem resultados contraditórios ou conflitantes. Muitas dessas inconsistências se revelam teimosas, difíceis de remover de uma maneira satisfatória, isto é, – difíceis de remover sem sermos forçados a desistir de coisas que gostaríamos de manter. Essas inconsistências também são difundidas, brotando em quase todos os lugares, mesmo naqueles onde menos as esperamos – nas zonas supostamente seguras, tais como a lógica e as matemáticas. Parecemos viver nossa vida intelectual à beira do absurdo.

No capítulo anterior, examinamos uma segunda fonte de perigo intelectual: quando confrontada com suas limitações, a mente humana tem uma tendência a se tornar dialética – usando essa expressão no sentido de Kant, e não no de Platão ou de Hegel. Consequentemente, somos capturados por ilusões dialéticas que distorcem nosso pensamento de maneiras fundamentais. Kant, de sua parte, estava principalmente preocupado em expor as ilusões que impulsionam as metafísicas *a priori* de seus predecessores. Essas teorias metafísicas apresentavam o mundo – pelo menos, em seus aspectos comprovadamente reais – como uma estrutura necessária e inalterável. Chamei as ilusões dialéticas desse tipo de ilusões de absolutismo. Embora ainda estejam presentes – elas estão sempre presentes –, eu disse relativamente pouco sobre ilusões desse tipo. Em vez disso, concentrei-me em ilusões dialéticas do tipo inverso, aquelas que levam alguém a ver o mundo como não tendo nenhuma estrutura não arbitrária, pois esse é o tipo de ilusão que permeia nossa cultura intelectual contemporânea. Rotulei as ilusões dialéticas desse segundo tipo como ilusões do relativismo ou ilusões do perspectivismo. Embora opostas, tanto as ilusões de absolutismo quanto as ilusões de relativismo são barreiras para a investigação. Neste capítulo, examinarei uma terceira ameaça à nossa vida como animais racionais: a tendência da razão, quando se deixa que funcione por sua própria conta, a ser levada a formas radicais de ceticismo. Com a adição do ceticismo, completamos a trindade das ameaças à nossa vida racional: inconsistência, ilusão e dúvida.

A palavra "cético" pode levar a várias associações, muitas delas inapropriadas. Um mal-entendido comum é que o cético é um negador ou do contra. Céticos com frequência *suspendem* o juízo sobre coisas nas quais comumente se acredita, mas isso é diferente de negar essas crenças. Um cético sobre a existência de Deus não nega que Deus existe – isto é ateísmo, não ceticismo. Outro erro é confundir ceticismo com cinismo. Os cínicos geralmente permanecem inabaláveis em seu compromisso com um ideal moral, mas ficam decepcionados ou desgostosos com o fracasso dos humanos em atingi-lo. O cínico Diógenes reconheceria um homem honesto se encontrasse algum, mas perdeu a esperança de encontrá-lo. Os céticos não têm esse compromisso dogmático com um ideal moral e, falando genericamente, não são severos no julgamento dos seus semelhantes. Finalmente, o ceticismo pode sugerir uma atitude negativa e sombria diante da vida. Houve céticos sombrios, mas também se recomendou o ceticismo pela paz de espírito, ou até alegria, que traz. Alguém, não sei quem, traçou uma distinção entre os céticos da costa leste e os céticos da costa oeste. Os céticos da costa leste reconhecem que seu conhecimento é limitado e isso os perturba profundamente. Os céticos da costa oeste reconhecem a mesma coisa, mas a consideram libertadora. Usando essa classificação, os céticos antigos são em sua maioria céticos da costa oeste, enquanto os céticos modernos são em sua maioria céticos da costa leste. Estou do lado dos antigos.

Afastados esses mal-entendidos, podemos notar em seguida que o ceticismo é uma posição complexa que se manifesta em várias formas. Uma distinção será crucial para entender o que se segue. Eu falei de um cético como alguém que suspende o juízo no que diz respeito a certas crenças. Há, no entanto, outra maneira de caracterizar o ceticismo que está frequentemente ligada à suspensão de crença, mas ainda assim é diferente dela. Um cético é uma pessoa que põe em questão a base ou justificação de algum sistema de crença. Nesse sentido, um cético sobre religião desafia a justificação de crenças religiosas e um cético sobre moral desafia a base para crenças morais. Esses desafios comumente tomam a forma de argumentos céticos, argumentos que, se não forem refutados, mostram que não estamos justificados em crer em certas coisas nas quais as pessoas geralmente acreditam. Será útil ter um nome para esses dois tipos de ceticismo. Para o ceticismo que envolve a suspensão da crença, podemos falar em *ceticismo sobre a crença*. Como o outro tipo de ceticismo desafia justificações, nós o chamaremos, na falta de um nome melhor, de *ceticismo sobre a justificação*.

O ceticismo sobre a crença e o ceticismo sobre a justificação estão relacionados de uma maneira óbvia: falando genericamente, não devemos crer em coisas nas quais não estamos justificados em crer. Uma personalidade do século XIX, G. K. Clifford, deu uma declaração heroica desse princípio, ao afirmar: "é sempre errado, em toda parte e para qualquer pessoa, crer seja no que for sem provas suficientes".[1] Se esse princípio estiver correto, então deveremos abandonar as crenças quando elas forem reconhecidas como injustificadas. Podemos chamar esse princípio de princípio de Clifford.

Embora, à primeira vista, possa parecer obviamente verdadeiro, o princípio de Clifford foi rejeitado de diversas maneiras. O fideísmo, a concepção de que a fé, mesmo quando contrária à razão, pode fornecer uma base adequada para a crença, é um exemplo. O fideísta sustenta que a razão não é capaz de estabelecer coisas tais como a existência de Deus e a imortalidade da alma, sustentando, em vez dis-

---

1 Clifford, 1879, p. 186.

so, que crenças religiosas podem ser baseadas somente na fé. Certamente, um verdadeiro fideísta acharia estarrecedor se a existência de Deus pudesse ser estabelecida com base somente na razão. O fideísta, então, é um cético sobre a justificação no que diz respeito à possibilidade de fornecer bases racionais para a crença na existência de Deus, mas não é um cético sobre a crença da existência da divindade.[2] De maneira um pouco diferente, o paranoico pode reconhecer intelectualmente que algumas de suas crenças são infundadas, mas ainda assim não ser capaz de se livrar delas. Entretanto, casos irracionais como a paranoia não são a preocupação deste estudo, que diz respeito aos perigos da racionalidade, não da irracionalidade. Estamos preocupados, não com abandonos irracionais do princípio de Clifford, mas com as consequências que surgem ao abraçá-lo de todo o coração e sem reservas. O resultado – embora essa fosse a última coisa que Clifford pretendera – é um ceticismo radical sobre a justificação, o qual pode trazer consigo o ceticismo sobre a crença. A afirmação, portanto, é que o princípio de Clifford, inteiramente seguido, produz o ceticismo com respeito à justificação. Para ver como isso ocorre, examinaremos a seguir três formas de ceticismo: o ceticismo cartesiano, o ceticismo humeano e o ceticismo pirrônico.

Ceticismo cartesiano. A primeira coisa a se notar sobre o ceticismo cartesiano é que o rótulo "ceticismo cartesiano" é um nome inadequado. Escrever "cartesiano", com letra minúscula, é um reconhecimento desse fato.[3] René Descartes não era um cético; ele era um

---

2 Essa aliança entre ceticismo e fé tem uma longa história. Reflete-se na observação de Martinho Lutero de que a razão é uma meretriz cega, pelo menos quanto aos mistérios fundamentais da religião cristã. Uma visão ainda mais forte dessa concepção é possível: ser repugnante à razão pode fazer alguma coisa ser ainda mais digna de fé. Essa concepção é capturada no motto "Credo quia absurdum est" ("Creio porque é absurdo"), atribuída ao teólogo Tertuliano, do segundo e do terceiro séculos, embora, como alguns comentadores pensam, talvez imprecisamente.

3 Em inglês, preserva-se normalmente a letra maiúscula quando se constrói um adjetivo a partir de um nome próprio, como "Humeano" ou "Kantiano" [N.

anticético. A preocupação de Descartes com os argumentos céticos surgiu da seguinte forma. Em suas *Meditações Metafísicas*, Descartes deu-se a tarefa de encontrar uma base absolutamente segura para o conhecimento. Na busca desse objetivo, adota a seguinte estratégia metodológica: aceitará algo como verdadeiro somente se isso permanecer seguro nas circunstâncias imagináveismais desfavoráveis. Com vistas a esse fim, ele nos diz:

> Suporei, pois, que ... certo gênio maligno, não menos astuto e enganador que poderoso, ... empregou toda a sua indústria em enganar-me. Pensarei que o céu, o ar, a terra, as cores, as figuras, os sons e todas as coisas exteriores que vemos não passam de ilusões e enganos de que ele se serve para surpreender minha credulidade. Considerarei a mim mesmo como não tendo mãos, nem olhos, nem carne, nem sangue, como não tendo nenhum sentido, mas crendo falsamente ter todas essas coisas. Permanecerei obstinadamente apegado a esse pensamento; e se, por esse meio, não está em meu poder alcançar o conhecimento de alguma verdade, pelo menos está em meu poder suspender meu juízo. Eis porque me guardarei cuidadosamente de receber em minha crença qualquer falsidade, e prepararei tão bem meu espírito para todas as astúcias desse grande enganador que, por mais astuto e poderoso que seja, jamais poderá impor-me nada.[4]

---

do T.].

[4] Descartes, 1984, vol. 2 p. 15 (p. 38). A continuação desta passagem é interessante por mostrar o entendimento de Descartes do caráter contextualista da crença:
"Mas esse desígnio é árduo e trabalhoso e certa preguiça arrasta-me insensivelmente para o ritmo de minha vida ordinária. E, assim como um prisioneiro que gozava de uma liberdade imaginária, quando começa a suspeitar de que sua liberdade é apenas um sonho, teme ser despertado e conspira com essas

Filósofos contemporâneos atualizam esse exemplo, pedindo a seus leitores que considerem a possibilidade de eles serem somente cérebros suspensos em uma cuba cheia de um líquido, com todas as suas experiências sendo induzidas neles por sondas cerebrais. O truque aqui, claro, é que o mundo poderia não parecer diferente de dentro da cuba do que ele nos parece agora, presumivelmente quando não estamos nessa cuba. Pode ser igualmente impossível para uma pessoa provar que ela não está sonhando, não está louca ou não está sendo enganada por um gênio maligno. Desafios céticos desse tipo são agora chamados de *cenários céticos*. Quando falo de ceticismo cartesiano, tenho em mente versões de ceticismo que empregam esses cenários céticos.

Em certas circunstâncias, as pessoas podem ser levadas a considerar seriamente os cenários céticos e, quando os consideram, podem achar esses cenários profundamente perturbadores. Para ver como podemos ser levados a essa perplexidade, podemos começar examinando um cenário ordinário e não filosófico, no qual pode-se levantar uma dúvida razoável. A seguinte conversa poderia ocorrer em um julgamento:

> P: Você alega saber que o Sr. X estava em Nova Iorque na noite de 15 de março?
> R: Sim, senhor.
> P: Como você sabe isso?

---

ilusões agradáveis para ser mais longamente enganado, assim eu reincido insensivelmente por mim mesmo em minhas antigas opiniões e evito despertar dessa sonolência, de medo de que as vigílias laboriosas que se sucederiam à tranquilidade de tal repouso, em vez de me propiciarem alguma luz ou alguma clareza no conhecimento da verdade, não fossem suficientes para esclarecer as trevas das dificuldades que acabam de ser agitadas."

Este relatório *de facto* sobre a dificuldade em manter a concentração filosófica é semelhante às observações encontradas nos escritos de David Hume. Há uma diferença, no entanto. Para Hume, como veremos, esta incapacidade fornece nossa única defesa contra a dúvida radical.

R: Ele viera ao restaurante onde eu jantava, no momento em que eu estava indo embora.
P: Você o conhecia bem?
R: Sim, ele trabalha no mesmo departamento que eu, apenas a algumas mesas de distância.
P: Vocês conversaram?
R: Não.
P: Você sabia que o Sr. X tem um irmão gêmeo?
R: Não, nunca ouvi falar de um irmão gêmeo.
P: Um irmão gêmeo que também vive em Nova Iorque?
R: Eu não tinha ideia.
P: Então, tanto quanto você sabe, pode ter sido o irmão gêmeo do Sr. X que você viu.
R: Suponho que seja possível.
P: Então, você realmente não sabe se foi o Sr. X que você viu?
R: Suponho que não.

Essa conversa começa com R oferecendo razões perfeitamente normais para pensar que ele identificou corretamente o Sr. X como estando presente no restaurante: ele conhece o Sr. X pessoalmente e podia vê-lo claramente. Comumente, não esperamos mais que isso. Então, tendo feito R reconhecer que nenhuma palavra foi trocada com o Sr. X, P introduz o fato de que o Sr. X tem um irmão gêmeo morando na mesma cidade. No ramo filosófico, essa manobra é conhecida como a introdução de um *anulador* de uma afirmação de conhecimento. No contexto dado, um anulador é uma consideração relevante que precisa ser eliminada para que uma afirmação de conhecimento seja aceitável. Em geral, uma afirmação de conhecimento é legítima somente se *todos* os anuladores importantes forem eliminados. Suponhamos em nosso exemplo que R *tivesse* falado com a pessoa que ele considerou como o Sr. X. Isto mudaria as coisas de uma maneira importante. Mesmo em uma conversa breve, muito provavelmente ficaria claro se quem ele viu era a pessoa com quem trabalhava, em vez de seu gêmeo idêntico. Mas nenhuma conversa aconteceu e R confiou simplesmente na aparência da pessoa que ele supôs ser o Sr. X. Uma vez que a possibilidade de um gêmeo é introduzida, essa prova não é mais boa o bastante para sustentar a afirmação de R de saber que a pessoa que ele viu no restaurante era a pessoa com quem ele trabalha.

Essas reflexões mostram que nossas afirmações de conhecimento ordinárias são governadas pelo que chamei, em outro lugar, de níveis de escrutínio.[5] Tentarei explicar essa noção mais cuidadosamente no final deste capítulo, mas será útil introduzi-la informalmente aqui. Ao fazer afirmações de conhecimento, supõe-se que tenhamos eliminado todos os anuladores relevantes. Mas o que torna certos anuladores relevantes e outros não relevantes? Essa não é uma pergunta fácil de responder, mas em nossa vida diária claramente *reconhecemos* a diferença entre anuladores relevantes e irrelevantes e confiamos implicitamente nessa distinção. Para voltar à conversa entre P e R, suponha-se que, em vez de chamar a atenção para o fato de que o Sr. X tem um irmão gêmeo, P simplesmente levantasse essa possibilidade, perguntando: "não é possível que o Sr. X tenha um irmão gêmeo que também viva em Nova Iorque?" Em resposta, R teria todo o direito de retrucar: "há alguma razão para supor que ele tenha?" Em geral, não se espera que eliminemos tal possibilidade remota ao identificar alguém. As coisas mudam, entretanto, quando se introduz o fato de que o Sr. X *tem* um irmão gêmeo que mora na mesma cidade. O nível de escrutínio sobe, pois o que contaria normalmente como um anulador remoto agora se torna um anulador relevante que precisa ser eliminado.

Espera-se que eliminemos todos os anuladores relevantes (não todos os anuladores possíveis) quando fazemos uma afirmação de

---

[5] Fogelin, 1994, especificamente os capítulos 1 e 5.

conhecimento. Eliminar todos os anuladores possíveis se apresentaria a nós como uma tarefa colossal que, na maioria dos casos, seria impossível de concluir. Além disso, o fato de ser fácil verificar um anulador potencial não fornece, por si mesmo, uma razão para considerá-lo. Por exemplo, enquanto estou sentado em meu quarto, pode me ocorrer que alguém poderia ter deixado uma grande embalagem em frente à minha porta. Se assim for, estou errado em pensar que sei que tenho muito tempo para encontrar um amigo para o almoço. Não há nenhuma dificuldade em verificar isso; só preciso abrir a porta – ou tentar fazê-lo. Então, para assegurar-me disso, talvez eu devesse abri-la. Há, no entanto, inúmeras outras preocupações do mesmo tipo que me deixariam sobrecarregado se eu as levasse a sério. (Talvez alguém tenha colado a minha fechadura na posição trancada; talvez agora haja um vão do lado de fora de minha porta). Ao fazer afirmações de conhecimento – de fato, na conduta geral da vida de alguém – é essencial, não apenas uma boa ideia, ignorar anuladores a não ser que algo especificamente gere uma preocupação com eles. Isto, acho, é o que Wittgenstein tinha em mente quando escreveu:

> A minha *vida* consiste em eu contentar-me com aceitar muitas coisas.[6]

Ao contrário, qualquer um que aceitasse o princípio de Clifford de uma maneira literal e irrestrita veria sua vida atravessada por obstáculos – de fato, impossível de ser vivida.

Podemos agora retornar aos cenários céticos, com seu apoio em gênios malignos, cérebros em cubas e coisas parecidas. Há duas diferenças principais entre avaliar afirmações de conhecimento nessas circunstâncias e avaliá-las em circunstâncias do cotidiano. Primeira, cenários céticos lidam com possibilidades anuladoras extremamente remotas, com o resultado de o nível de escrutínio se tornar irres-

---

6 Wittgenstein, 1969, §344.

tritamente alto. Segunda, cenários céticos comumente lidam com anuladores que, parece, são em princípio ineliminaveis. Podemos considerar essas duas diferenças sucessivamente.

Como vimos acima, na vida cotidiana não tentamos eliminar muitos anuladores improváveis mesmo quando são facilmente elimináveis. Não os levamos a sério, e com razão. Ainda assim, muitos filósofos levaram a sério os anuladores ultrarremotos encontrados apenas nos cenários céticos. A questão é por quê. A reposta breve é que eles estão fazendo filosofia de uma maneira tradicional, a qual é intransigente nos seus compromissos com um ideal racional. Relembremos o uso metodológico do gênio maligno de Descartes. Em sua tentativa de encontrar conhecimento que fosse absolutamente seguro, ele tornou os padrões de aceitação hiperbolicamente altos. Não começou duvidando de *tudo*, como alguns negligentemente disseram. Em vez disso, decidiu pôr de lado qualquer crença contra a qual até mesmo a menor dúvida pudesse ser levantada. Em outras palavras, não colocou nenhum limite na extensão de possíveis anuladores. Somente aquelas crenças que provaram estar acima de dúvidas desse tipo contariam como conhecimento perfeitamente seguro, conhecimento que poderia servir como a fundação segura para um edifício do conhecimento.

Os esforços de Descartes não se mostraram bem-sucedidos. Ele de fato encontrou pelo menos uma crença que nem mesmo um gênio maligno poderia minar, a saber, sua crença em sua própria existência. O gênio poderia destruir essa crença se destruísse o próprio Descartes, mas, enquanto o gênio mantiver Descartes por perto como alguém a ser enganado, pelo menos essa crença, parece, estará segura. Isso é um progresso, mas é importante ver quão pequeno é esse progresso. Descartes, por exemplo, não tem nenhuma razão para pensar que um ser humano chamado René Descartes existe, nenhuma razão para pensar que ele tem um corpo físico, nenhuma razão para pensar que alguma outra coisa de qualquer tipo existe e assim por diante. Ele começa em um estado de solidão craniana – se ele tiver um crânio. Sua situação é tão calamitosa que é preciso nada menos que uma divindade para extraí-lo de lá. (Quando têm problemas, os filósofos, como as pessoas comuns, com frequência levantam seus olhos para o céu.) Especificamente, Descartes tentou provar a existência de um deus que, sendo perfeito, não enganaria nem permitiria que um enganador habitasse o universo. Muitos pensaram que a prova da existência de Deus formulada por Descartes é circular e, mesmo se não for circular, em todo caso não é boa. Se esse pensamento estiver certo, então Descartes conquistou somente uma pequena vitória sobre o gênio maligno (e, portanto, sobre o ceticismo), a crença justificada na existência de sua própria mente, junto com algum conhecimento dos conteúdos imediatos dessa mente. O gênio enganador vence em todas as outras coisas. Há uma ironia aqui. Descartes, como já se notou, não era um cético; via a si mesmo como um inimigo do ceticismo. Mas, no final, legou ao mundo um desafio fundamental para o conhecimento que leva o nome de ceticismo cartesiano.

A primeira característica dos cenários céticos é que eles lidam com possibilidades anuladoras extremamente remotas. Uma segunda característica dos cenários céticos, a qual também os separa dos contextos epistêmicos do dia a dia, é que eles apresentam, ou pelo menos parecem apresentar, anuladores que são *em princípio* inelimináveis. Parece pelo menos possível que eu seja um cérebro em uma cuba com as minhas experiências sendo enviadas a mim por meio de sondas cerebrais controladas por neurocientistas extremamente inteligentes. Esses neurocientistas inteligentes estimulam partes do cérebro de uma maneira que produz experiências que são indistinguíveis das experiências que uma pessoa tem quando está realmente percebendo o mundo. Assim, a minha experiência presente de uma tela de computador aparentemente diante de mim pode ter chegado a mim por meio dos sentidos ou por meio de sondas cerebrais e, se os neurocientistas forem suficientemente inteligentes, posso não ter nenhuma maneira de distinguir um meio do outro. Isso parece sugerir que, agora, tanto quanto sei, posso ser esse cérebro numa cuba. A hipótese de que eu sou um cérebro numa cuba parece invulnerável à refutação.

Essa característica da invulnerabilidade tem sido vista tanto como a força quanto como a fraqueza dos cenários céticos. Se, para saber alguma coisa, é preciso eliminar todos os possíveis anuladores e se há alguns anuladores que são em princípio ineliminaveis, então o conhecimento – pelo menos naquelas áreas em que os anuladores se aplicam – é impossível. Alguns, entretanto, argumentaram que essa suposta força dos cenários céticos é na verdade uma fraqueza fatal. Para que uma dúvida seja genuína ou significativa, diz-se às vezes, deve haver alguma maneira, pelo menos em princípio, de resolvê-la. Se isso estiver certo, então as dúvidas geradas por cenários céticos são dúvidas vazias ou pseudo dúvidas. Wittgenstein expressa esse ponto dessa maneira no *Tractatus*:

O ceticismo *não* é irrefutável, mas é obviamente um contrassenso, se pretende duvidar quando não se pode perguntar.

Com efeito, só pode existir dúvida quando existe uma pergunta; uma pergunta, só quando existe uma resposta; e esta, somente quando *se pode dizer* algo.[7]

Ao longo dos anos, propuseram-se inúmeras variações sobre esse tema. Eu simplesmente relatarei que acho essa manobra pouco persuasiva. Penso que entendo perfeitamente bem os cenários céticos, e, ao entendê-los, considero-os completamente irrespondíveis.[8] Mi-

---

7 Wittgenstein, 1961, proposição 6.51.

8 Sobre a inteligibilidade do ceticismo, concordo com Michael Williams, quando nos diz:
"O fato é que todos nós parecemos entender o cético muito bem e certamente bem o suficiente para entender como argumentar contra ele ou por que tantos argumentos anticéticos populares falham. É, portanto, difícil para nós nos convencermos de que não entendemos o cético." Williams, 1991.

nha atitude aqui é paralela à minha atitude em relação ao paradoxo do mentiroso discutido no capítulo 2. Não somente considero esse desafio cético irrespondível, como acho que é perfeitamente claro por que é irrespondível.

Sabemos por que Descartes se envolveu com cenários céticos: ele se envolveu por razões metodológicas. Foi uma tentativa de encontrar uma base completamente segura para o conhecimento derrotando o ceticismo em seu próprio terreno. Dado o fracasso do projeto de Descartes, por que outros filósofos se preocupam com cenários céticos? Por que, por exemplo, houve tantos escritos sobre esse tema ao longo dos últimos trinta anos, mais ou menos? O que impulsiona esse interesse? Não tenho certeza se sei a resposta a essa pergunta, certamente não sei a resposta completa. Parte da resposta, penso, é esta: demorar-se em anuladores remotos pode, por si só, aumentar o nível de escrutínio. Dito de outro modo, anuladores que não são notados na vida cotidiana podem vir a ser notados simplesmente por meio de uma reflexão intensa sobre eles. Isso ocorre a muitas pessoas, talvez à maioria delas, que se tornam seriamente empenhadas em filosofar. Quando faz filosofia, uma pessoa pode ser obrigada a sentir a força da dúvida cartesiana. Há, parece, certos filósofos que não mordem a isca oferecida pelos cenários céticos – seja porque veem perigo iminente ou porque simplesmente não as entendem. Eles, talvez, sejam abençoados.

Por que deveria a atividade de filosofar nos levar a considerar seriamente o ceticismo cartesiano? Parte da razão poderia ser que, ao filosofar, não estamos preocupados com o conhecimento de qualquer tipo particular. Estamos interessados na natureza do conhecimento como tal. Por causa disso, nada coloca restrições no âmbito dos anuladores relevantes ou dignos de nota. O ato de

---

Embora Williams e eu estejamos de acordo sobre a inteligibilidade do ceticismo, estamos em lados opostos na questão se os desafios céticos podem ser respondidos. Ele pensa que todos esses desafios podem ser respondidos; eu penso que muitos deles não podem sê-lo.

filosofar feito de certa maneira torna digno de nota cada anulador possível e, com isso, o ceticismo é inevitável. Mas se esse diagnóstico estiver correto, a cura parece simples: não filosofar! (Pelo menos, dessa maneira). Infelizmente, esse não é um conselho fácil de seguir. Tornar-se filosófico não é simplesmente entrar em uma nova disciplina, como trocar de especialização o é. Comece em qualquer lugar e seja persistente na tentativa de eliminar possíveis anuladores e um âmbito cada vez maior de anuladores emergirá como relevante. Filosofar sobre o conhecimento surge naturalmente do empreendimento de formar crenças da maneira mais responsável possível. Parece inaceitável que a exigência da filosofia por rigor poderia ser a fonte de desastres intelectuais. Então, embora esteja na cara que cenários céticos são insolúveis, persiste a ideia de que deve haver alguma maneira filosófica de eliminar os problemas céticos que eles geram. Considero totalmente improvável ter sucesso nessa direção.

Ceticismo humeano. O segundo argumento cético que examinaremos vem dos escritos de David Hume. É seu argumento cético sobre a indução. Hume ofereceu esse argumento em vários lugares, usando formulações diferentes e, algumas vezes, combinando o argumento básico com outras coisas. A expressão mais clara e mais breve de seu argumento básico ocorre na *Sinopse*, um texto curto que Hume escreveu anonimamente em um esforço (sem sucesso) de promover seu negligenciado *Tratado da Natureza Humana*, o qual, ele queixou-se, "nasceu natimorto" da editora[9].

> Todos os raciocínios concernentes a causas e efeitos estão fundados na experiência, e todos

---

9 Embora tenha havido alguma controvérsia sobre o assunto, pensa-se geralmente que o próprio Hume foi o autor da *Sinopse*. Para os propósitos atuais, não importa quem foi o autor, porque, quem quer que o tenha escrito, essa pessoa deu ao argumento cético de Hume sobre a indução sua formulação mais elegante.

> os raciocínios baseados na experiência estão fundados na suposição de que o curso da natureza continuará uniformemente o mesmo. Concluímos que causas semelhantes, em circunstâncias semelhantes, sempre produzirão efeitos semelhantes. Agora talvez valha a pena considerar o que nos determina a formar uma conclusão tão infinitamente importante.
>
> É evidente que *Adão*, com toda sua ciência, nunca teria sido capaz de *demonstrar* que o curso da natureza tem de continuar uniformemente o mesmo, e que o futuro tem de ser conforme ao passado. Nunca se poderia demonstrar que algo possível é falso; e é possível que o curso da natureza mude, uma vez que podemos conceber essa mudança. Mais ainda. Afirmo que Adão não poderia provar que o futuro tem de ser conforme ao passado nem sequer por meio de argumentos *prováveis*. Todos os argumentos prováveis baseiam-se na suposição de que existe essa conformidade entre o futuro e o passado, e, portanto, nunca poderiam provar essa mesma suposição. Essa conformidade é uma *questão de fato* e, se tiver de ser provada, só poderá sê-lo pela experiência. Mas nossa experiência do passado jamais pode provar nada quanto ao futuro, a não ser com base na suposição de que existe semelhança entre os dois. Este é um ponto, portanto, que não admite absolutamente nenhuma prova, e que damos por suposto sem nenhuma prova.[10]

Na linguagem dos anuladores, nossas inferências baseadas no passado para o futuro poderiam ser anuladas se o curso da natureza mudasse, mas em princípio não há nenhuma maneira de eliminar essa possibilidade. Afinal, o curso da natureza poderia simplesmente

---

10 Hume, 1978, p. 651-52 (p. 688-689).

mudar. Embora tenha regularmente nascido no passado, o Sol poderia simplesmente não nascer amanhã. Isso é certamente imaginável e não é uma coisa que pode ser eliminada somente com razões *a priori*.[11] Parece, então, que qualquer suposta prova de que a natureza continuará a ser uniforme precisa ser baseada em nossa experiência da uniformidade pretérita, mas qualquer prova desse tipo, para funcionar, deve pressupor o próprio princípio em questão, a saber, que a natureza é uniforme. Chegamos, assim, a uma forma de ceticismo sobre a justificação: não pode haver nenhuma maneira de justificar o princípio de que a natureza é uniforme e, portanto, não há nenhuma justificativa subjacente para quaisquer inferências indutivas.

Mas Hume não está apenas dizendo que inferências indutivas nunca podem nos dar certeza em relação ao futuro? Não, o argumento de Hume sustenta uma conclusão muito mais forte do que essa. Nossa crença de que é pelo menos *provável* que o padrão de eventos futuros se assemelhe ao padrão de eventos passados convida ao mesmo desafio: que razões temos para aceitar essa proposta aparentemente mais modesta? Outra vez, se o curso da natureza mudasse, coisas que ocorriam com razoável probabilidade no passado poderiam simplesmente parar de ocorrer no futuro. A ideia de

---

11 Kant, em sua tentativa de responder ao ceticismo de Hume sobre a indução, sustentou que a mente estrutura a experiência de uma maneira que garante que a experiência obedeça ao princípio de uniformidade da natureza. Assim, a afirmação de que a natureza é uniforme é, para ele, uma verdade *a priori*. Em resposta, duas coisas são dignas de nota. Primeira, não há consenso sobre Kant ter realmente estabelecido essa afirmação. Segunda, mesmo que seja uma verdade *a priori* que a natureza deve ser uniforme, Hume poderia reelaborar seu argumento de uma maneira que preservasse sua força cética. Suponhamos que concedêssemos, seguindo Kant, que se o Sol nasce ou não nasce amanhã, deve haver uma causa determinada para qualquer que seja o evento que realmente ocorra. Ainda assim, continua a ser uma questão empírica que causa é essa. Então, não importa quantos dados empíricos tivermos, sempre valerá a ideia de que mais dados empíricos mostrarão que *identificamos erroneamente* a verdadeira causa. Nada na posição de Kant, mesmo supondo que esteja correta, descarta essa possibilidade, então a ameaça cética permanece sem resposta.

Hume é que não há absolutamente nenhuma maneira de descartar essa possibilidade. O argumento cético de Hume em relação à induçãome parece um argumento perfeitamente irresponsível – irrespondível por razões perfeitamente transparentes. Se isso estiver correto, então o veredicto de Quine é inevitável: "O impasse humeano é o impasse humano".[12]

Ceticismo pirrônico. Usando a distinção introduzida anteriormente, o ceticismo cartesiano e o ceticismo humeano são ambos exemplos de ceticismo sobre a justificação; nenhum deles é um exemplo de ceticismo sobre a crença. Descartes, talvez com a ameaça da Inquisição em mente, foi cuidadoso em insistir que o caráter puramente metodológico de sua dúvida garantisse que ela não comprometesse a religião e a moralidade. Com essa finalidade, no *Discurso do Método*, ele adota um código moral contendo várias máximas práticas.

> A primeira era obedecer às leis e aos costumes de meu país, retendo constantemente a religião em que Deus me concedeu a graça de ser instruído desde a infância, e governando-me, em tudo o mais, segundo as opiniões mais moderadas e as mais distanciadas do excesso, que fossem comumente acolhidas em prática pelos mais sensatos daqueles com os quais teria de viver.[13]

Descartes não era um cético sobre a crença por outra razão: ele estava convencido de que tinha respostas adequadas às dúvidas que havia levantado. Hume, como veremos no próximo capítulo, tinha uma razão muito diferente para rejeitar um ceticismo completo sobre a crença. Ele defendeu, pelo menos para muitas crenças importantes, que não é psicologicamente possível suspendê-las – ao menos não por um longo tempo. Em contraste, a meta principal do ceticismo pirrô-

---

12 Quine, 1969, p. 72 (p. 164).
13 Descartes, 1984, vol. 1 p. 122 (p. 83).

nico era *alcançar* a suspensão da crença e eles empregaram o ceticismo sobre a justiticação como um meio para alcançá-la.

Primeiro, algumas observações anedóticas sobre a história do ceticismo pirrônico. De fato, pouco se sabe sobre o fundador deste movimento, Pirro de Élis (360 — 270 a. C.). De acordo com a história comumente narrada, Pirro, comportando-se de uma maneira tipicamente grega, estava tentando entender a natureza intrínseca do universo e nosso lugar nele. Por acaso, um dia ele se viu numa posição em que as razões a favor e as razões contra as teses filosóficas que o preocupavam estavam exatamente em equilíbrio e, portanto, se cancelavam mutuamente. Isso resultou em uma suspensão total da crença sobre essas questões filosóficas. Encontrando-se nesse estado, ele descobriu ainda, para a sua surpresa, que ele se sentia bem! Certamente, a paz de espírito que tomou conta dele quando ele chegou a esse estado neutro equivaleu à felicidade. Com essa descoberta acidental – e é importante que tenha sido uma descoberta acidental – um novo estilo de filosofar nasceu. Em vez de tentar resolver questões filosóficas sobre a natureza do universo e sobre o lugar doser humano nele, o objetivo era alcançar a completa neutralidade nessas questões para conseguir a felicidade que, como resultado, esse estado neutro produz. Assim, o objetivo dessa nova forma de filosofar era eliminar, em vez de estabelecer, compromissos filosóficos.

Não há muita razão para pensar que essa encantadora história é literalmente verdadeira, mas, simbolicamente, ela capta a essência do pirronismo. O pirronismo é uma filosofia com um objetivo prático: a felicidade alcançada ao curar a si mesmo dos compromissos filosóficos. Ele também proporciona um método terapêutico desenvolvido para produzir esse resultado. Os antigos pirrônicos empregaram o método da equipolência, ou equilíbrio, como uma maneira de alcançar a suspensão da crença. Sempre que se encontravam inclinados para um lado de uma questão filosófica, eles tentariam encontrar razões igualmente fortes que sustentassem seu lado oposto. Talvez porque esse é um trabalho bastante duro, os pirrônicos posteriores encontraram procedimentos mais gerais para alcançar a suspensão da crença. Esses procedimentos foram coletados e explicados por Sexto Empírico (por volta de d. C. 200) em suas *Hipotiposes Pirrônicas* e em uma série de obras *Contra*: *Contra os lógicos*, *Contra os matemáticos*, *Contra os gramáticos*, *Contra os professores* e assim por diante.[14]

Podemos obter uma noção do ceticismo pirrônico, contrastando-o com o ceticismo cartesiano. Uma diferença central entre o ceticismo cartesiano e o ceticismo pirrônico tradicional é que o ceticismo cartesiano, mas não o ceticismo pirrônico, nega explicitamente que certos tipos de conhecimento sejam possíveis. Por exemplo, tomando afirmações de conhecimento perceptivo como alvos, o cético cartesiano comumente apresenta argumentos com a intenção de mostrar que a percepção não pode nos fornecer nenhum conhecimento do mundo à nossa volta, porque não somos de nenhuma maneira capazes de responder aos desafios apresentados pelos cenários céticos. O cético pirrônico não faz essa afirmação, pois, embora vários desafios à confiabilidade dos sentidos sejam possíveis, eles, por si mesmos, não mostram que um conhecimento empírico confiável não pode *nunca* ser atingido. Mostrar isso exigiria um argumento muito mais forte do que aquele que um cético pirrônico estaria disposto a empregar. Para os céticos pirrônicos, a afirmação de que determinado tipo de conhecimento é impossível resulta em *dogmatismo negativo*, uma acusação que eles fizeram contra seus antigos rivais, os céticos acadêmicos. Os céticos pirrônicos apenas relatam como as coisas lhes aparecem, dizendo, talvez, que, tanto quanto eles saibam, podemos não ter nenhum conhecimento empírico e, tanto quanto eles saibam, podemos ter conhecimento empírico. Nessa questão, eles se encontram em uma posição na qual

---

14 Traduções dos escritos de Sexto podem ser encontradas em Sextus Empiricus (1961-1971).

não podem dizer nada mais – sendo "nada mais" uma de suas expressões favoritas. O cético pirrônico não dogmatiza nessa ou em qualquer outra questão.

Uma segunda diferença entre o ceticismo cartesiano e o ceticismo pirrônico diz respeito ao alvo do ataque cético. O cético cartesiano (isto é, o cenário cético) levanta dúvidas que colocam em questão todo o conhecimento empírico – incluindo nossas crenças mais comuns sobre o mundo à nossa volta. Se estou em uma cuba num planeta circulando Alfa Centauro e estou ligado a sondas para que tudo que eu pareça ver à minha volta seja somente um sonho induzido por um demônio, então não sei – como acho que sei – que estou revisando este capítulo no Centro de Estudos Ligurianos em Bogliasco, Itália. Para o cético cartesiano, se uma resposta adequada a essa hipótese cética não estiver à mão, então estou obrigado a rejeitar minhas afirmações mais comuns e ordinárias de conhecimento. O cético pirrônico, ao contrário, – embora essa seja uma questão controversa – não visa às crenças diárias e comuns do dia a dia para a arremetida cética. O alvo principal do cético pirrônico é a filosofia dogmática, com investidas ocasionais em outras áreas em que um dogmatismo de tipo semelhante ocorre. Os ataques do cético pirrônico são dirigidos contra os dogmas dos "professores", não contra as crenças de pessoas comuns que buscamos negócios honestos (ou mesmo desonestos) da vida diária. Ademais, nada que o cético pirrônico diz leva a uma crítica cética da crença comum. Corretamente entendido, o ataque do cético pirrônico às crenças dogmáticas dos professores não se estende às crenças comuns que são sustentadas despretensiosamente.[15]

---

15 Essa explicação do ceticismo pirrônico, especialmente os comentários finais, foi objeto de uma controvérsia intensa na literatura recente sobre o pirronismo. Tomando de empréstimo a distinção de Galeno, Jonathan Barnes contrasta duas formas de interpretar o pirronismo posterior: como um ceticismo *rústico* ou como um ceticismo *urbano*. Tratado como rústico, descreve-se o pirrônico como deixando de lado a sutileza e resolutamente buscando a sus-

Para confirmar essa afirmação de que o cético pirrônico não dogmatiza, podemos considerar talvez a manobra mais conhecida do *corpus* pirrônico: o tratamento do critério de verdade. Os epistemólogos estoicos sustentaram que, para julgar corretamente, deve-se estar em posse de um critério de verdade adequado – um teste que fornece prova invencível da verdade de alguma crença. Diante dessa afirmação, o cético pirrônico procede hipoteticamente, supondo que o dogmático está certo em exigir um critério correto de verdade e, então, extrai as consequências dessa exigência. O pirrônico apresenta ao seu oponente dogmático o seguinte argumento: se alguém apresenta um critério de verdade, então será importante determinar se esse é o critério *correto*. Existe, afinal, desacordo em relação a qual critério é o critério correto de verdade, se é que algum é correto. Se se diz que o critério declarado é correto sem o emprego de um critério de verdade, então, segundo seus próprios princípios, os dogmáticos são derrotados. Se o critério é sustentado com base em um critério de verdade, então este precisa ser o mesmo critério ou um diferente. Se o mesmo critério de verdade é usado para julgar o critério de verdade, então a defesa do critério será uma petição de princípio. Se um critério novo for usado, então o desafio será repetido, *ad infinitum* se necessário. Assim, ambos os demônios da circularidade e da regressão infinita são soltos no momento em que os estoicos tentam defender a sua escolha de um critério de verdade. Se eles se recusarem a defendê-lo, então terão simplesmente

---

pensão de crença a respeito de todas as questões, incluindo as crenças práticas sobre a vida cotidiana. Em contraste com essa interpretação rústica, a concepção que adoto segue a interpretação urbana defendida minuciosamente por Michael Frede. Nessa leitura, os alvos do ceticismo pirrônico são os filósofos dogmáticos e seus companheiros de viagem. O objetivo dos pirrônicos não é uma suspensão universal da crença, mas, em vez disso, uma suspensão da crença sobre assuntos filosóficos (e relacionados). A respeito das crenças comuns, o cético pirrônico pensa, fala e crê como outros o fazem. Essas questões são discutidas na introdução de Fogelin, 1994. Para a discussão detalhada de Frede sobre esse assunto, ver Frede, 1987.

abandonado sua ideia de que todos os juízos devem ser feitos em conformidade com um critério correto de verdade.[16]

Essa explicação do argumento do critério de verdade incorpora – embora de uma forma condensada – o que Sexto chamou de os Cinco Modos que levam à suspensão da crença, atribuídos por ele ao pirrônico posterior Agripa. Sexto descreve os Cinco Modos nestas palavras:

> Os céticos mais recentes deixaram cinco modos que levam à suspensão [da crença], a saber: o primeiro, baseado na discrepância; o segundo, no regresso ao infinito; o terceiro, na relatividade; o quarto, na hipótese; o quinto, no raciocínio circular.[17]

Uma maneira de ver os Cinco Modos é dividi-los em dois grupos. Tanto a discrepância quanto a relatividade apontam para disparidades na crença e, assim, exigem razões para preferir uma crença em detrimento de suas competidoras. A discrepância simplesmente significa que pessoas diferentes têm opiniões diferentes sobre vários assuntos e precisamos, então, de alguma maneira de escolher entre elas. A relatividade significa que uma coisa pode aparecer diferentemente dependendo de quem a está percebendo, do estado do percebedor, da configuração perceptiva e assim por diante. Somos, então, desafiados a produzir uma boa razão para aceitar uma aparência em vez das outras.[18] Os três modos restantes – regresso ao infinito, hipótese (mera afirmação injustificada) e circularidade – preparam uma armadilha dialética para todos os que tentarem atender à exigência de justificação completa. Parece não haver nenhuma maneira

---

16 Ver Sexto, 1961, 1.114-117 e 2.13-79.
17 Sexto, 1961, 1.164.
18 Sexto, 1961, 1. 36-163.

de evitar ou argumentarpor tempo indefinido, argumentar em círculos ou abandonar completamente a argumentação.

O debate sobre o critério de verdade dá uma breve ilustração dos Cinco Modos em ação, mas é importante ver que eles podem ser aplicados a qualquer afirmação dogmática. Eles fornecem uma receita para uma forma completamente geral de ceticismo filosófico. Suponha-se que o dogmático em questão é Demócrito, que sustentou ser o universo somente um sistema de átomos indestrutíveis se movendo ao longo de um espaço que, sem a presença deles, seria vazio. Como essa é uma questão que foi contestada por outros, é preciso que nos sejam dadas razões adequadas para aceitar a sua concepção em vez de aceitar uma das concepções de seus competidores. As próprias razões serão interrogadas agora e a armadilha dialética envolvendo o regresso a circularidade, o regresso ao infinito, ou a afirmação injustificada surgirá. Esse procedimento pode ser empregado sempre, com qualquer afirmação dogmática que se fizer.

Mas, nesse ponto, não ficou evidente – apesar das afirmações em contrário – que, ao invocar os Cinco Modos, os céticos pirrônicos estão, eles mesmos, dogmatizando?[19] Como Sexto Empírico repetidamente insiste, a resposta a essa pergunta é não. As exigências presentes nos Cinco Modos pertencem aos próprios dogmáticos, isto é, eles formulam critérios de adequação que os dogmáticos aceitam como governando seu empreendimento. O pirrônico não está comprometido com nenhum ideal intelectual desse tipo. O cético pirrônico adota a postura dogmática somente para mostrar aos dogmáticos que seus esforços são inadequados de acordo com seus próprios padrões. Feito isso, o cético pirrônico descarta os Cinco Modos – por assim dizer, descarta-os como uma escada que não é mais necessária ou, mais dramaticamente, os expele, junto com as crenças

---

19 Por causa de sua completa generalidade, eles também parecem mostrar que Jonathan Barnes e outros estão corretos ao tratar os pirrônicos como céticos rústicos.

dogmáticas que eles tentaram solapar.[20] Sexto, que ao que parece foi médico, compara esse procedimento ao uso de uma droga purgante.

> Com efeito, no que diz respeito a todas as expressões céticas, temos de, em primeiro lugar, compreender que não fazemos nenhuma afirmação positiva a respeito de sua verdade absoluta, uma vez que dizemos que elas podem talvez se refutar a si mesmas, vendo que elas mesmas estão incluídas entre as coisas sobre as quais sua dúvida se aplica, assim como drogas purgantes não somente eliminam os humores do corpo, mas também expelem a si mesmas juntamente com os humores.[21]

Embora nem sempre se reconheça sua força, os Cinco Modos são uma força implícita, mas potente, na cena filosófica contemporânea. Muitos epistemólogos contemporâneos propõem-se a responder aos Cinco Modos de Agripa, conhecendo-os por esse nome ou não. A seguinte passagem de Laurence BonJour é um exemplo típico da disposição do epistemólogo em enfrentar diretamente o problema de Agripa:

> *Prima facie*, há quatro possibilidades lógicas principais quanto ao resultado final do regresso potencial de justificação epistêmica. ... (1) O regresso pode terminar em crenças... para as quais não se dá justificativa de nenhum tipo... (2) O regresso pode continuar indefinidamente "para trás". ... (3) O regresso pode voltar-se em círculo sobre si mesmo. ... (4) A regressão pode terminar porque crenças empíricas "básicas" foram alcançadas.[22]

---

20 Sexto (1967), 8.481.
21 Sexto, 1961, 1.206.
22 BonJour, 1985, p. 21.

Esses são essencialmente os Cinco Modos de Agripa com os dois modos "iniciais", discrepância e relatividade, abandonados e a opção fundacionista (opção 4) acrescentada.

Como a opção 1 parece entregar o ouro ao cético e a opção 2 não parece atrativa por nos onerar com uma tarefa infindável, a batalha foi travada até relativamente pouco tempo entre aqueles que escolhiam uma das duas últimas opções.[23] Coerentistas aceitam a terceira opção, argumentando que, se o círculo for suficientemente grande, rico, coerente etc., então não há nada de errado com a circularidade. Fundacionistas defendem que existem certas proposições que podem ser aceitas de maneira justificadasem recorrer a outras proposições para sustentá-las. Em *Reflexões Pirrônicas sobre o conhecimento e a justificação*, levanto a seguinte questão: em que medida coerentistas e fundacionistas resolvem o problema de Agripa, se Agripa fizer parte da disputa? Depois de examinar aqueles que considero ser os candidatos mais fortes para a solução do problema do conhecimento empírico (ou justificação empírica), chego à conclusão de que, tanto quanto posso ver, as coisas estão agora praticamente no mesmo lugar em que Sexto as deixou quase dois mil anos trás.

Há, no entanto, alguma coisa decepcionante (ou, de alguma maneira, entediante) na tradicional técnica pirrônica de crítica: embora forneça armamento letal para solapar compromissos filosóficos considerados em si mesmos, ela não dá nenhuma explicação, ou ao menos nenhuma explicação perspicaz, sobre as fontes dos compromissos filosóficos. Queremos entendê-las também. Para retornar à analogia médica, queremos uma patologia que nos ajude a entender a doença e não apenas uma terapia para curá-la. A noção deníveis de escrutínio crescentes, introduzida anteriormente, parece fornecer a

---

23 Recentemente, houve uma tendência assintótica (e em grande parte não reconhecida) na direção do pirronismo, mas não posso falar dela aqui. Discuto o assunto em "os céticos estão chegando! os céticos estão chegando!" um artigo cuja publicação ainda está chegando.

chave para entender a fonte de perplexidades epistemológicas. Aqui, examinarei essa noção mais detalhadamente.

Parece ser verdade que, na vida cotidiana, frequentemente afirmamos conhecer coisas sem nos darmos conta de que estamos empenhados em algo especial ou fazendo algo especialmente difícil. A palavra "saber", assim como as palavras "bom" e "verdadeiro", não é um termo restrito à filosofia. Mas quando filosofamos – na expressão de Barry Stroud, quando cometemos epistemologia – comumente encontramos dificuldades. O ceticismo cartesiano é uma dessas dificuldades. O ceticismo humeano é outra. O ceticismo pirrônico é uma terceira. Isso naturalmente gera a seguinte questão: o que no conceito ordinário de conhecimento e o que no empreendimento de fazer epistemologia produzem essas dificuldades?

Podemos começar notando lugares-comuns (banalidades) a respeito de afirmações de conhecimento. Todos concordam que para alguém, geralmente chamado de S, saber que p, S precisa crer em p e essa crença precisa ser verdadeira. (Não penso que a cláusula da crença está inteiramente isenta de problemas, mas não vou tratar disso aqui). Desde o aparecimento do *Teeteto* de Platão, quase dois milênios e meio atrás, geralmente admitiu-se que o conhecimento deve ser mais que isso. Tal como está, essa explicação do conhecimento nos levaria a atribuir conhecimento a alguém que acredita em alguma coisa que é verdadeira por acaso, mas acredita nela baseando-se em más razões ou até sem nenhuma razão. Uma pessoa pode, por exemplo, acreditar que um cavalo ganhará uma corrida somente porque é cinza. Se esse cavalo ganhar, dificilmente diríamos que ele sabia isso, já que ele não tinha uma boa razão para acreditar nisso. Se esse é o problema, então a solução parece bem fácil: podemos simplesmente acrescentar a restrição adicional de que S acredita que p por boas razões.

O trabalho sério da epistemologia usualmente começa quando se desafia a adequação das várias versões dessa cláusula adicional.

Essa cláusula pode parecer muito forte de algumas maneiras, muito fraca de outras. De fato, penso que essa é precisamente a coisa certa a dizer. A dificuldade, entretanto, é nos acalmarmos em relação às noções de boas razões ou boas justificações. Em que condições consideramos boas as razões? Com relação às afirmações de conhecimento do cotidiano, a resposta parece ser esta: por meio de nossa educação e criação, adquirimos certas técnicas de justificação ou procedimentos de justificação. Às vezes, essas técnicas envolvem o uso direto de nossos sentidos. Uma maneira de estar certo de alguma coisa é vê-la por si mesmo. Outros procedimentos de justificação podem ser mais complexos – alguns, extraordinariamente complexos. Ademais, os seres humanos têm a capacidade de codificar informação em proposições e, então, usar essas proposições como razões para sustentar outras proposições. Chama-se esse uso do procedimento de justificação de apresentação de um argumento; quando adequadamente rigorosos, chamam-se esses argumentos de provas ou de demonstrações. A função de um procedimento de justificação – seja simples ou complexo – é eliminar possíveis anuladores para uma afirmação de conhecimento. Assim, acreditar em alguma coisa por boas razões envolve aceitá-la usando o procedimento adequado de justificação.

Repetindo uma ideia exposta brevemente antes, uma característica importante dos procedimentos de justificação – do mais simples possível ao mais complexo possível – é que eles contêm certos mecanismos que aumentam o nível de escrutínio. Ao adquirirmos procedimentos de justificação, também aprendemos a reconhecer quando é necessário mais cuidado do que o usual na sua aplicação. Quando tentamos combinar cores, é frequentemente necessário examiná-las à luz do dia. Se não fizermos isso, não podemos dizer (portanto não sabemos) se elas combinam ou não. Para citar um exemplo famoso, normalmente é suficiente observar alguma coisa da estrada para identificá-la como um celeiro. Contudo, se nos dão a informação adicional de que a maioria das estruturas ao longo da estrada são meros fac-símiles de celeiro, então percebemos que o procedimento comum de apenas olhar não é adequado para identificar alguma coisa como um celeiro.[24] Em uma linguagem um tanto técnica, a descoberta de certos fatos pode acionar um nível de escrutínio maior, o qual amplia o âmbito de possíveis anuladores.

Uma característica importante de nossas práticas comuns de justificação é a seguinte: os níveis de escrutínio são acionados pela descoberta de certos fatos que nos mostram que os níveis comuns de cuidado não são mais completamente adequados. Então subimos o nível de escrutínio de maneiras padronizadas. Claro, algumas pessoas são mais escrupulosas do que outras; são mais cautelosas em suas afirmações de conhecimento do que outras. Como se diz, são mais exigentes. De fato, temos um vocabulário bastante rico de sinais a respeito dos níveis de escrutínio. Em uma conversa, por exemplo, espera-se que adotemos o nível de escrutínio em curso, sinalizando mudanças nos níveis de escrutínio quando as fazemos. Se quisermos trabalhar em um nível de escrutínio menor do que o exigido, poderemos sinalizar isso usando palavras como "talvez", "eu não ficaria surpreso se", "valor aproximado" e outras semelhantes. Também existem sinais comuns para aumentar o nível de escrutínio, por exemplo: "isso pode não parecer imediatamente relevante, mas...". Desenvolver uma explicação das regras governando os níveis de escrutínio seria, penso eu, uma atividade proveitosa.[25] Não posso me demorar aqui sobre essas vantagens, mas uma de tais máximas seria esta: não aumente o nível de escrutínio na ausência de uma razão específica que acione esse aumento. Um gatilho importante é o reconhecimento de queas circunstâncias não são normais de alguma

---

24 Tirei esse exemplo de Ernest Sosa. Em conversa, Sosa disse que ele o tirou de Carl Genet. Eu discuto esse exemplo em detalhes em Fogelin, 1994, p. 25-26.

25 Essa abordagem poderia ser modelada com base no ensaio importante de Paul Grice "Logic and Conversation", reimpresso em Grice, 1984, p. 22-40.

maneira relevante; outro diz respeito à importância de entender corretamente as coisas. De maneira sensata, tomamos mais cuidado em situações de vida ou morte. Em uma linguagem sofisticada, aumentar o nível de escrutínio envolve *custos de transação epistêmica*, nos quais, como na maioria dos custos, preferimos não incorrer.

Podemos agora voltar nossa atenção para o filósofo ocupado com a epistemologia de linha tradicional. Minha sugestão é que a epistemologia tradicional é dirigida e moldada por violações persistentes da máxima acima citada. Filósofos – embora não todos eles – aumentam o nível de escrutínio somente por meio da reflexão. De fato, pode-se induzir a maioria das pessoas a aumentá-lo até certo ponto apenas refletindo intensamente sobre anuladores anuláveis mas não anulados. Vou tentar fazer isso. Você realmente sabe quem são seus pais? Para a maioria das pessoas, a resposta parece ser sim. Mas muitas crianças adotadas nunca são notificadas desse fato a respeito delas. Ou então, às vezes os bebês também são trocados em hospitais. Agora, há maneiras de eliminar essas possibilidades, por exemplo, fazendo o teste de DNA, mas poucas pessoas pensam em fazê-lo. Refletindo sobre casos desse tipo, você realmente pode afirmar saber quem são seus pais? Se esse pequeno exercício o impulsionou para um nível de escrutínio mais alto, você ficará fortemente inclinado a dizer: "bem, estritamente falando, não sei realmente quem são meus pais". É interessante o número de pessoas que sucumbe a essa tentação em uma classe de filosofia. Também é interessante quão rápido essa tentação desaparece do lado de fora da sala de aula, quando o escrutínio retorna ao seu nível normal e mais relaxado.

Argumentou-se com frequência que os próprios céticos são responsáveis pelo ceticismo, pois impõem padrões arbitrariamente altos para o conhecimento. Essa história está errada. Se o que se disse aqui está correto em linhas gerais, então o ceticismo não é o resultado de uma imposição arbitrária, mas, em vez disso, cresce naturalmente do próprio projeto epistemológico. Essa é a ideia da passagem de Hume citada na epígrafe deste capítulo:

> Como surge naturalmente de uma reflexão profunda e intensa sobre [a epistemologia], a dúvida cética sempre aumenta quanto mais longe levamos nossas reflexões, sejam estas conformes ou opostas a ela.

Vimos três casos disso. O primeiro foi o ceticismo cartesiano com sua exigência de que eliminássemos anuladores extremamente remotos (talvez inelimináveis em princípio). O segundo envolve o desafio humeano de encontrarmos alguma maneira de descartar a possibilidade de que o curso da natureza possa mudar sem petição de princípio. O terceiro e talvez mais difícil desafio é encontrar alguma maneira de lidar com as implicações céticas gerais produzidas pelos Cinco Modos de Agripa. Se alcançarmos uma posição em que levamos o problema de Agripa a sério – como muitos filósofos fizeram – esse problema, parece, se revelará totalmente impossível de resolver. O próprio filosofar sem restrição gera todos esses desafios céticos e, parece, não soluciona nenhum. Como, de fato, o ceticismo é evitado – na medida em que ele é evitado – é o tópico do próximo capítulo.

CAPÍTULO 5
Respostas modestas a esses desafios

É necessário que se encontre um método por meio do qual nossas crenças não sejam determinadas por nada humano, mas por alguma permanência externa – por algo sobre o qual o nosso pensamento não tem efeito.

C. S. Peirce, "A fixação da crença"

Se concebermos o conhecer, não como tendo uma essência a ser descrita por cientistas ou filósofos, mas antes como um direito, pelos padrões correntes, de acreditar, então certamente estaremos no caminho de ver a conversa como o contexto último dentro do qual o conhecimento deve ser compreendido.

Richard Rorty, *A filosofia e o espelho da natureza*

Se olharmos para os três capítulos anteriores, as coisas parecem estar "piorando cada vez mais". De acordo com o segundo capítulo, as regras que governam nosso pensamento e ação são difusamente propensas à inconsistência – uma inconsistência que pode não ser jamais eliminada de uma maneira inteiramente aceitável. No terceiro capítulo, vimos, seguindo Kant, que nossas faculdades racionais, quando funcionam com liberdade ilimitada, geram ilusões dialéticas que produzem conflitos insolúveis. Finalmente, no capítulo anterior, vimos como nossas faculdades críticas, quando irrestritas, podem nos levar a um ceticismo desolador.

Há uma linha que percorre todos esses casos: o distanciamento do intelectual de todas as restrições controladoras não intelectuais. A imagem dessa dificuldade é capturada pela bonita metáfora kantiana da pomba reclamando que a resistência do ar desacelera seu voo. Também é capturada na passagem citada acima, na qual C. S. Peirce nos conta que "é necessário que se encontre um método por meio do qual nossas crenças não sejam determinadas por nada humano". Isso significa que nossas atividades conceituais podem evitar o desastre somente se forem restritas por algo não conceitual. A atitude inversa, de que isso não pode ser feito, é capturada pela passagem de Richard Rorty. Neste capítulo, examinaremos de que maneiras restrições não conceituais poderiam funcionar. Começaremos com os desafios céticos.

Se os argumentos céticos examinados no capítulo anterior estiverem corretos, não estaremos forçados, nas palavras de Hume, a "rejeitar toda crença e raciocínio, e... não considerar nenhuma opinião como mais provável ou verossímil que as outras"?[1] No mínimo, não estaremos sendo desonestos – não estaremos de má-fé intelectual – se não as rejeitarmos? A resposta notável de Hume é que não podemos ter o ponto de vista do ceticismo radical, exceto em circunstâncias forçadas e artificiais. As dúvidas céticas, nos diz ele,

---

1 Hume, 1978, p. 268-69 (p. 301).

são insustentáveis fora de nossos gabinetes. No *Tratado da Natureza Humana*, Hume coloca desta forma:

> Felizmente ocorre que, sendo a razão incapaz de dissipar essas nuvens, a própria natureza o faz, e me cura dessa melancolia e delírio filosóficos, tornando mais branda essa inclinação da mente, ou então fornecendo-me alguma distração e alguma impressão sensível mais vívida, que apagam todas essas quimeras. Janto, jogo uma partida de gamão, converso e me alegro com meus amigos; após três ou quatro horas de diversão, quando quero retomar essas especulações, elas me parecem tão frias, forçadas e ridículas, que não me sinto mais disposto a levá-las adiante.[2]

É importante entender claramente o que Hume está dizendo. Nessa passagem, ele não está apresentando nenhum argumento, nem mesmo um argumento pragmático, em resposta aos argumentos céticos que apresentou anteriormente. Não está fazendo nenhum esforço para *refutar* o ceticismo. Está simplesmente relatando os fatos como ele os vê: as dúvidas céticas que nos oprimem quando estamos empenhados em uma intensa reflexão filosófica desaparecem em grande parte quando estamos empenhados nas atividades do cotidiano e nos prazeres do cotidiano da vida. Na quinta seção de sua *Investigação sobre o entendimento humano*, Hume classifica essa resposta ao ceticismo, estranhamente, como uma "solução cética" a essas dúvidas. Com isso, a meu ver, ele quer dizer uma solução que não nega a validade dos argumentos céticos, mas, em vez disso, meramente aponta sua ineficácia em controlar nossas crenças exceto na estufa da reflexão completamente desimpedida.

Na *Investigação sobre o entendimento humano*, Hume apresenta uma resposta às suas preocupações céticas mais rica do que a encon-

---

2 Hume, 1978, p. 269 (p. 301).

trada em seu *Tratado*. Hume observa que, apesar da nossa falta de bases racionais para projetá-las, os seres humanos de fato projetam regularidades passadas no futuro. Ele pergunta como isso poderia ocorrer. Sua resposta é que somos construídos de forma que a experiência das regularidades passadas nos condiciona a fazer essas projeções. Enquanto nós falamos de condicionamento, Hume fala de costume e hábito, mas a noção subjacente é a mesma. A ideia crucial é que os problemas céticos gerados pela reflexão são superados quando entramos em relações causais com o mundo à nossa volta. Com um certo tom de zombaria, Hume expressa a ideia assim:

> Há aqui, então, uma espécie de harmonia preestabelecida entre o curso da natureza e a sucessão de nossas ideias; e, embora desconheçamos por completo os poderes e forças que governam aquele curso, constatamos que nossos pensamentos e concepções seguiram o mesmo caminho das demais obras da natureza. O hábito é o princípio pelo qual veio a se produzir essa correspondência, tão necessária à sobrevivência de nossa espécie e à direção de nossa conduta, em todas as situações e ocorrências da vida humana. Se a presença de um objeto não excitasse instantaneamente a ideia dos objetos que a ele comumente se associam, todo o nosso conhecimento teria de ficar circunscrito à estreita esfera de nossa memória e de nossos sentidos, e jamais teríamos sido capazes de ajustar meios a fins ou de empregar nossos poderes naturais seja para produzir o que é bom, seja para evitar o que é mau. Aqueles que se encantam com a descoberta e contemplação das *causas finais* têm aqui um vasto assunto em que empregar seu fascínio e admiração.[3]

---

3   Hume, 1975, p. 54-55 (p. 88-89).

A zombaria envolve o uso das noções de harmonia preestabelecida e causas finais – que Hume considera características de uma metafísica antiquada.

Além da zombaria, Hume está, penso eu, dizendo uma coisa de importância fundamental. Nessa passagem (e ao longo de seus escritos), Hume trata os seres humanos como criaturas *naturais* em relações causais com outros objetos na natureza. Somos a espécie de criaturas que somos – por exemplo, sustentamos as crenças fundamentais que sustentamos – porque entramos nessas relações causais. Quando entramos nessas relações causais com o mundo, por exemplo, por meio da percepção, certas crenças se impõem a nós. Para perceber isso, olhe para sua mão e tente, por um ato de vontade, acreditar que não é a sua mão que você está vendo, mas uma espiga de milho. Nesse caso, crer e suspender a crença não estão sob nosso controle direto. Se Hume estiver certo, as mesmas restrições se aplicam a muitas de nossas crenças sobre o futuro. Com uma vela diante de você, você pode *imaginar* que colocar sua mão nela não causará dor, mas isso é algo em que você pode genuinamente *crer*? A resposta de Hume é não. Dada nossa experiência passada com o fogo, automaticamente esperamos sentir dor se entrarmos em contato com ele. Essa relação é mais primitiva que o pensamento. Sem mencioná-lo pelo nome, Wittgenstein expõe o ponto de vista humeano com exatidão quando diz:

> 472. O caráter da crença na uniformidade da natureza pode talvez ser visto mais claramente no caso em que sentimos temor daquilo que é esperado. Nada me faria pôr a mão no fogo – embora eu me tenha queimado *apenas no passado*.
> 473. A crença de que o fogo me queimará é do mesmo tipo do medo de que o fogo me queimará.[4]

---

4 Wittgenstein, 1958, §472-73.

Aqui temos a imagem da natureza produzindo a sintonia de nossas ideias com ela, em vez de nós intelectualmente sintonizarmos nossos pensamentos com a natureza.

Embora aponte na direção certa, não acho a resposta "cética" de Hume ao ceticismo completamente satisfatória. Pode ser reconfortante ouvir que crenças formadas e sustentadas por meio de imersão na ordem natural serão imunes à dúvida cética. Ao lidarmos com o mundo natural, devemos modestamente assumir uma posição secundária.

> Há, em geral, um grau de dúvida, cautela e modéstia que, em todos os tipos de escrutínio e decisão, deve sempre acompanhar um justo raciocinador.[5]

Os escritos de Hume nos mostram o abismo que se abre se abandonarmos essa modéstia. Mas precisamente quão modestos devemos ser? Hume achava que deveríamos ser realmente muito modestos. Encontram-se passagens do seguinte tipo em seus escritos:

> Deve-se certamente reconhecer que a natureza tem-nos mantido a uma boa distância de todos os seus segredos, só nos concedendo o conhecimento de umas poucas qualidades superficiais dos objetos, enquanto mantém ocultos os poderes e princípios dos quais a influência desses objetos depende inteiramente. Nossos sentidos informam-nos da cor, peso e consistência do pão, mas nem os sentidos nem a razão *podem jamais nos informar* quanto às qualidades que o tornam apropriado à nutrição e sustento do corpo humano.[6]

Ao defender a modéstia intelectual, Hume não está sugerindo que abandonemos completamente o filosofar, mas está insistindo em que

---

5   Hume, 1975, p. 161-162, p. 218.

6   Hume, 1975, p. 32-33, p. 62 (ênfase minha).

aqueles que reconhecem a ameaça constante do ceticismo colocarão fortes restrições no âmbito das questões que tentarão investigar.

> Aqueles que têm propensão para a filosofia prosseguirão em suas pesquisas, porque ponderam que, em adição ao prazer imediato que acompanha essa ocupação, as decisões filosóficas nada mais são que as reflexões da vida ordinária, sistematizadas e corrigidas. Mas jamais se sentirão tentados a ir além da vida comum, enquanto não perderem de vista a imperfeição das faculdades que empregam, seu limitado alcance, e suas operações imprecisas.⁷

Embora soe como um bom senso cauteloso, a insistência de Hume na modéstia de nossas atividades intelectuais sofre de um defeito fundamental. Ela opõe-se a um fato histórico inegável. Ao longo dos últimos quatro séculos, houve extraordinários desenvolvimentos nas ciências naturais – desenvolvimentos que simplesmente falsificam as predições de Hume em relação ao que nós, como seres humanos, somos capazes de conhecer. Apesar das previsões pessimistas de Hume, temos agora um entendimento razoavelmente bom de como o pãonutre, e nosso conhecimento se estende para questões muito mais esotéricas do que essa. Se a avaliação de Hume das capacidades intelectuais humanas estivesse correta, então a Revolução Científica não poderia ter ocorrido. Mas ocorreu, então há alguma coisa errada com a avaliação de Hume dos poderes da mente humana. Nossa questão básica, assim, é esta: dadas todas as nossas deficiências intelectuais – incluindo os argumentos céticos aparentemente irrespondíveis – como explicamos os indubitáveis avanços na ciência?

Uma resposta resolve rapidamente essa questão: como não houve avanços na ciência, então não há nada para explicar. Empregando mais uma versão do perspectivismo, esteve na moda em alguns

---

7 Hume, 1975, p. 162 (p. 219).

círculos descartar a afirmação de que a ciência fez progresso genuíno. Teorias científicas sucessivas, sugere-se, são simplesmente formas diferentes de discurso, as quais, sendo incomensuráveis, não admitem hierarquização, quer entre si mesmas, quer com respeito a outras formas de discurso. Concepções desse tipo foram encorajadas porenunciados imprudentes encontrados na primeira edição da obra pioneira de Thomas Kuhn, *A Estrutura das Revoluções Científicas*, a respeito da incomensurabilidade das teorias científicas. Elas encontraram sua expressão mais intensanas irrupções hiperbólicas que Paul Feyerabend por vezes acha irresistíveis. Aqui estão alguns exemplos do livro famigerado de Feyerabend,*Contra o método*:

> A tecnologia chinesa por longo tempo não teve nenhuma fundamentação científico-ocidental e, contudo, estava bem mais adiantada do que a tecnologia ocidental contemporânea. É verdade que a ciência ocidental agora reina suprema por todo o globo; contudo, a razão disso não foi um discernimento de sua "racionalidade inerente", mas o uso de poder (as nações colonizadoras impuseram seu modo de vida) e a necessidade de armamento: a ciência ocidental até agora criou os mais eficientes instrumentos de extermínio.[8]

E a famosa passagem:

> Há apenas um princípio que pode ser defendido em *todas* as circunstâncias e em todos os estágios do desenvolvimento humano. É o princípio de que tudo vale.[9]

Ao discutir a aceitação da cosmologia de Galileu, ele nos diz:

---

8 Feyerabend, 1975, p. 3 (p. 22).
9 Feyerabend, 1975, p. 19 (p. 43).

> As teorias tornam-se claras e "razoáveis" apenas *depois* que partes incoerentes delas tenham sido usadas por longo tempo.[10]

Como um exemplo de dar uma banana para a exigência de que o conceitual deve ser restringido por alguma coisa não conceitual, é difícil superar o seguinte:

> Um cientista interessado em obter o máximo conteúdo empírico, que deseja compreender tantos aspectos de sua teoria quanto possível, adotará uma metodologia pluralista, comparará teorias com outras teorias, em vez de com "experiência", "dados" ou "fatos", e tentará aperfeiçoar, e não descartar, as concepções que aparentem estar sendo vencidas na competição.[11]

A meu ver, Feyerabend e Rorty (pelo menos na passagem citada no início deste capítulo) são exemplos de filósofos totalmente capturados pelas ilusões dialéticas do perspectivismo ou da relatividade – embora ambos, às vezes, batam em retirada tática. Na medida em que esses autores se apegam às suas armas radicais, seus pontos de vista sofrem do mesmo defeito que sofre o de Hume: não dão sentido às realizações indubitáveis da tecnologia guiada pela ciência.

Explico o que quero dizer com a frase "tecnologia guiada pela ciência". Por um longo período da história humana, os avanços tecnológicos foram feitos sem depender do entendimento científico e geralmente antes deste. Ligas metálicas foram descobertas e aperfeiçoadas milhares de anos antes de surgir uma teoria que pudesse explicá-las. Telescópios e microscópios foram construídos antes de haver uma ciência ótica competente. A mera "mecânica", para usar a expressão de Francis Bacon, fez progressos desenvolvendo me-

---

10 Feyerabend, 1975, p. 18 (p. 41).

11 Feyerabend, 1975, p. 32 (p. 63).

canismos práticos, enquanto aqueles que buscaram à ciência com mãos limpas só produziram palavras vazias. Bacon pensava que havia uma lição importante a ser aprendida dessa disparidade entre o progresso nas artes mecânicas e uma falta de progresso nas esferas puramente intelectuais. A seguinte passagem maravilhosa é digna de ser citada longamente:

> É preciso confessar claramente que a sabedoria que obtivemos principalmente dos gregos é somente como a infância do conhecimento e tem a propriedade característica dascrianças: ela pode falar, mas não pode gerar, pois é fecunda em controvérsias, mas estéril de obras... Observe-se também que, se as ciências deste tipo tivessem alguma vida nelas, nunca poderia ter ocorrido o que tem sido o caso por muitas eras – elas ficam quase estáticas, sem receber nenhum aumento digno da raça humana; de modo que, muitas vezes, não só o que foi asseverado outrora ainda é asserido hoje, mas também o que era perguntado antes continua a ser perguntado hoje... Nas artes mecânicas, não é o que se encontra; elas, pelo contrário, como que tendo em si um sopro de vida, estão continuamente crescendo e se tornando mais perfeitas. Quando inventadas, são comumente grosseiras, desajeitadas e disformes; posteriormente, adquirem novos poderes, assim como configurações e estruturas mais adequadas... A filosofia e as ciências intelectuais, pelo contrário, permanecem como estátuas, veneradas e celebradas, mas não se moveram nem avançaram.[12]

O sucesso da tecnologia *antes* do sucesso da ciência, observado aqui por Bacon, fornece uma pista para responder à nossa pergunta

---

12 Bacon, 1889, p. 14.

básica: o que é que fornece um controle sobre o nosso pensamento? Qual é o elemento não conceitual ou o elemento não interpretativo que impede nosso pensamento de se tornar cético ou dialético? Com a tecnologia, a resposta é geralmente direta. Se se constrói um mecanismo para fazer alguma coisa – produzir um raio laser ou pôr-alças em sacolas de compras – e ele não funciona, então há alguma coisa errada com o mecanismo. Desculpas pontuais podem ser dadas: o mecanismo não foi montado adequadamente; está desajustado; precisa de óleo. Algumas vezes, desculpas desse tipo revelam-se legítimas, mas, geralmente depois de um curto período, tais desculpas não são mais toleradas. Somos forçados a dizer que o projetoísto é, a ideia, o pensamento por detrás do mecanismo, a concepção que o gerou – está de algum modo errado. Aqui, a realidade confronta o pensamento exatamente da maneira inflexívelconsiderada por Peirce. Provavelmente será discutido por décadas se a teoria do Big Bang está correta ou não; estabeleceu-se em pouco tempo que o telescópio Hubble, quando colocado no espaço pela primeira vez, não estava enfocando corretamente. O problema com o telescópio Hubble ilustra como é encontrar a realidade – ser restrito por ela. Quando o instrumento estava funcionando mal, ninguém sugeriu que seria necessário um telescópio tão poderoso quanto o Hubble para mostrar como as estrelas realmente são imprecisas. Há certas coisas das quais não é possível escapar pela persuasão verbal – nas quais aprender um jargão não ajuda nada.

Francis Bacon também percebeu que, para entender a natureza, seria preciso intervir nela, dizendo-nos que "os segredos da natureza melhor se revelam quando esta é submetida aos tormentos das artes do que quando deixada no seu curso natural".[13] Nessa concepção, um experimento é uma maneira de extrair informação da natureza ao, por assim dizer, colocá-la na prateleira. Mas a ênfase inversa é igualmente importante: realizar experimentos é uma ma-

---

13 Bacon, 1889, p. 95.

neira de colocar nossas crenças, ao menos parcialmente, nas mãos da natureza. Um experimento não é uma conversa com a natureza, pois a natureza é surda e muda. Com um experimento, decidimo-nos– talvez mudamos de opinião – pois as coisas ocorreram dessa e não daquela maneira. Experimentos não são substitutos desajeitados para experimentos mentais.

Além disso, um aparato científico não é *simplesmente* um mecanismo para coletar observações para testar teorias. A própria possibilidade de produzir um mecanismo de um certo tipo com frequência depende do estabelecimento prévio de teorias científicas. O funcionamento mais ou menos bem sucedido de um um mecanismo produzido sob a orientação de determinada teoria pode fornecer forte confirmação dessa teoria usada para projetá-lo. O mecanismo também pode fornecer a base para outras descobertas científicas. Considere o acelerador linear. Um acelerador linear é um mecanismo inspirado por teoria. Se determinada teoria é de um modo geral correta, então deveria ser possível construir um mecanismo que acelerará partículas de certas maneiras. O mecanismo é produzido e, talvez com algumas surpresas interessantes, funciona exatamente da maneira como deveria. Com sorte, esse mecanismo então produz uma nova série de dados que fornece a base para novos avanços científicos, incluindo o desenvolvimento de novos aceleradores lineares. É dessa maneira que a ciência teórica e a tecnologia se interpenetram e se impregnam mutuamente.

Também é possível que um mecanismo seja construído sob a orientação de uma teoria bem estabelecida e, então, não funcione da maneira como deveria. Se a teoria estiver profundamente arraigada, podemos nos esforçar para ajustar a máquina para que esta funcione "corretamente". Tempo e dinheiro consideráveis podem ser gastos fazendo isso, mas, se, no fim, o mecanismo se recusar a funcionar da maneira como deveria, então é a teoria que o inspirou, não o mecanismo, que precisa de ajuste.

Espero que todas essas coisas soem banais, mas vale a pena nos demorarmos sobre elas, pois fornecem um exemplo claro de conceitos sendo restringidos por alguma coisa que não é em si mesma conceitual. Mas pode-se desafiar até mesmo esse exemplo com o argumento de que ele é simplesmente circular. Sob a orientação de uma teoria, construímos um mecanismo e então – "surpresa!", alguém poderia dizer – declaramos a teoria confirmada quando o mecanismo funciona como a teoria prediz. Feyerabend parece estar dizendo algo assim na seguinte passagem:

> *Instrumentos de medida* são construídos de acordo com leis e as leituras que proporcionam são testadas sob a suposição de que essas leis são corretas.[14]

Mas não se pode levantar a acusação de circularidade de maneira nenhuma, pois se ignora o fato de que quando um mecanismo é construído, *ele pode não funcionar da maneira como deveria ou pode nem sequer funcionar*. A circularidade surge somente quando a teoria é usada para explicar qualquer fracasso, aconteça o que acontecer. Quando isso ocorre, o pensamento mais uma vez se tornou meramente dialético e a conexão com o mundo foi cortada.

Nosso problema era este: dada a presença de problemas céticos aparentemente irrespondíveis e dada também a tendência de a mente humana se tornar dialética, tentamos encontrar alguma explicação do progresso indubitável da ciência. A resposta completa envolverá dois componentes. O primeiro é o componente humeano mencionado anteriormente: admitir que nossas ideias sejam causadas por fatores não racionais. Essa é uma maneira de evitar doenças geradas pelo uso irrestrito da razão, mas não explica os desenvolvimentos positivos da ciência. O segundo componente envolve, de uma maneira ou de outra, quebrar a barreira entre o pensamento

---

14 Feyerabend, 1975, p. 232.

e o mundo ao incorporar o pensamento em objetos. Ele envolve intervir no mundo e se tornar causalmente enredado com este – ter nossas crenças surgindo desse enredamento. O enredamento pode envolver não mais do que usar um pedaço de madeira para impedir que uma porta seja escancarada pelo vento. Se a porta ainda se escancarar, isso mostra que o pensamento incorporado em usar esse pedaço do mundo da maneira que o usamos era falso. Essa interação mente-mundo é uma característica constante de nossa vida cotidiana. Ela encontra sua expressão mais rica no movimento bidirecionado da tecnologia cientificamente orientada e da ciência tecnologicamente orientada.

É sempre possível se apegar a uma crença ou se recusar a aceitar uma crença, sem se importarcom o que acontece. Não há limite superior para desculpas *ad hoc*. Na conversa comum, essa atitude se chama ser teimoso. Uma maneira mais extravagante de se referir a alguma coisa como teimosa é dizer que ela está sendo sustentada de uma maneira autoisolante. Uma posição é autoisolante se estiver configurada de maneira que a experiência, qualquer que seja, não pode ter peso contra ela. Uma razão de a ciência e a tecnologia terem avançado é que seus praticantes adotaram uma política de tolerância relativamente baixa para com a teimosia – para com movimentos auto isolantes. A antiteimosia é parte da cultura intelectual da ciência, digo, *relativamente* baixa, pois a teimosia é um traço humano e cientistas são seres humanos. Pense na resistência às inovações em larga escala de Copérnico, Galileu, Darwin e Einstein. Mas é difícil sustentar a teimosia na tecnologia, pois uma máquina que não funciona é descartada muito rapidamente. Isso também é verdade para todas as ciências com um grande componente operacional. Quando lidamos com cosmologias altamente abstratas – teoria das cordas e outras teorias semelhantes, – testar se torna somente uma possibilidade remota e um grande leque de respostas alternativas se abre, aparentementesem nenhuma maneira de decidir entre elas. Às vezes, as coisas começam a parecer dialéticas de uma maneira suspeita. Aqui, muitos cientistas ficam preocupados, como deveriam.

Cientistas são, em geral, mais exigentes do que a maioria das pessoas – pelo menos em sua atividade científica – mas a ciência depende da colocação de limites na exigência. Certas possibilidades, embora verificáveis, são consideradas remotas ou implausíveis demais para valer a pena gastar tempo nelas. Essa atitude não é preguiça, mas boa administração científica. Esta baseia-se na suposição de que, se for ignorada ou mal-entendida, alguma coisa importante se intrometerá mais cedo ou mais tarde em um ambiente experimental. Como não se preocupam com possibilidades implausíveis, os cientistas não acham obrigatório responder a cenários céticos antes de começar suas pesquisas. Diz-se às vezes que os cientistas têm uma obrigação (da qual eles comumente se esquivam) de estabelecer a legitimidade da ciência como um todo. Isso, contudo, equivale a pedir ao cientista para abandonar as restrições não conceituais que protegem a ciência de se tornar meramente dialética – para abandonar a ciência como Peirce a concebe em detrimento da ciência como Feyerabend e Rorty a concebem.

E quanto à nossa primeira preocupação, a de que os sistemas humanos de pensamento são difusamente propensos ao paradoxo? Não me parece que a ciência possa evitar completamente esse problema. O paradoxo parece concomitante com a complexidade crescente do pensamento e, como o mundo é evidentemente uma estrutura complexa, os sistemas usados para representá-lo também serão complexos. Mas há este consolo: como vimos no primeiro capítulo, o mundo pode ser tão complexo que as suas estruturas são computacionalmente inacessíveis; pode conter indeterminações objetivas; pode exibir características que, de um ponto de vista do senso comum, são literalmente inimagináveis; e assim por diante; mas ele não pode incorporar contradições. Pensar de outra maneira é simplesmente compreender mal o que é uma contradição. Então, na medida em que o pensamento pode ser incorporado em mecanismos, instrumentos e coisas semelhantes, nessa medida a ameaça do paradoxo foi reduzida.

Neste ponto, podemos ouvir a voz do crítico proclamando: "como isso pode ajudar? De maneira mais particular, até que se refute o ceticismo, toda essa conversa sobre tornar o pensamento concreto em mecanismos não é pura e simplesmente uma petição de princípio? Talvez você seja apenas um cérebro numa cuba. Se for, você não tem nenhum direito de falar de uma maneira ingênua sobre intervir no mundo e aprender com essas intervenções. Se o curso da natureza poderia mudar, então como os mecanismos funcionam hoje não fornecerá nenhuma orientação para o seu funcionamento no futuro". Essa crítica não compreende o objetivo de nossa discussão, que não é uma tentativa de refutar o ceticismo. Ela não pretende ser nada mais do que Hume chama de "solução cética". Ela concede que o pensamento, quando procede de certo modo, é autodestrutivo nas maneiras relatadas: cai em paradoxo, vira dialético ou se torna cético. Minha concepção é que, quando surgem dessa maneira, os problemas são completamente inteligíveis e totalmente irrespondíveis. A pergunta aqui é factual: o que na ciência e na vida comum bloqueia esse impulso para o desastre intelectual? No *Tratado*, a resposta de Hume se baseia na fraqueza da mente humana:

> Salvamo-nos desse ceticismo total somente por meio daquela singular e aparentemente trivial propriedade da fantasia, pela qual entramos com dificuldade nas visões remotas das coisas e não somos capazes de acompanhá-las com uma impressão tão sensível quanto acompanhamos as que são mais fáceis e naturais.[15]

De acordo com esse diagnóstico, se nossas faculdades fossem mais fortes, estaríamos preparados para crer ainda menos.

---

15 Hume, 1978, p. 268 (p. 300)

Na *Investigação*, como vimos, Hume faz a sugestão mais generosa de que somos salvos do ceticismo pela maneira em que nossos mecanismos de formação de crenças estão sintonizados com o mundo. Desde que não distorçamos esses mecanismos por meio da reflexão intensa, a natureza produzirá em nós regularidades que coincidem – ao menos, suficientemente bem – com as regularidades da própria natureza. A ideia de que a tecnologia une mundo e mente é uma concepção similar, com a diferença de que a mente é uma parceira mais igual na transação - embora ainda subserviente.

Mas suponhamos que somos cérebros em cubas ou que o curso da natureza mudará? A esse respeito, não se pode fazer nada.

CAPÍTULO 6
Questões de gosto

> De gustibus non est disputandum.
> *(Gosto não se discute.)*
> *Origem interessantemente obscura*[1]

> *Modas passam, o estilo é eterno.*
> Yves Saint Laurent

---

1 Hume, como veremos, alude a esse princípio, descrevendo-o como um axioma que se tornou um provérbio. Não está claro, contudo, de onde vem esse princípio. Parece não haver nenhum correspondente exato nos textos antigos e, um tanto surpreendentemente, o enunciado explícito mais antigo desse princípio que apareceu até agora é encontrado em *Tristram Shandy* (1759) de Laurence Sterne. Há, contudo, numerosas ocorrências de máximas relacionadas sobre a diversidade do gosto, incluindo a de Homero: "Homens diferentes se deleitam com coisas diferentes" (*Odisseia* 14. 228); a de Arquíloco: "Alguns se satisfazem de uma maneira, outros de outra" (25 West; 41 Diehl); e a de Lucrécio: "A carne de um homem é o veneno de outro" (*Da natureza das coisas*, livro 4, 638). Essa sabedoria antiga sobrevive no ditado contemporâneo "Cada cabeça, uma sentença"(*Different strokes for different folks*). Devo essa demonstração de erudição inteiramente a Virginia Close e William Moran, ambos membros aposentados da esplêndida equipe de bibliotecários na Biblioteca Baker/Berry da Universidade Dartmouth.

No capítulo anterior, afirmei que os excessos da razão podem ser controlados nas ciências naturais ao embutir o pensamento no mundo, por exemplo, em mecanismos e instrumentos de vários tipos. Com um mecanismo, anula-se o divórcio entre teoria e prática. Um mecanismo é, nesse sentido, um universal concreto. Aqui, tenho certeza, alguém se queixará de que tudo isso pode ser muito bom para as ciências naturais, nas quais mal se precisa de ajuda, mas parece não ter nenhuma aplicação nas disciplinas das humanidades. Estou sugerindo que as humanidades adotem os métodos da ciência experimental? Estou sugerindo que essas disciplinas se revelarão supérfluas ou frívolas, se não puderem adotar esses métodos? Não, para ambas as perguntas. Temos certamente o direito de perguntar como uma disciplina – a crítica, por exemplo – resolve o problema da resistência, isto é, como seus conceitos são restringidos por alguma coisa não conceitual. Não temos, contudo, o direito de pôr restrições prévias sobre como isso deva ser feito.

Nas passagens citadas acima, novamente ouvimos as vozes conflitantes de duas posições radicalmente opostas. A primeira, "De gustibus" *et cetera*, é simplesmente o princípio protagórico, segundo o qual o homem é medida de todas as coisas, aplicado a questões de gosto e julgamento estético. A segunda, com seu contraste entre a efemeridade da moda e a eternidade do estilo, dificilmente poderia ser mais parmenidiana. Para Saint Laurent, ele mesmo um estilista da moda, adeptos do princípio *de gustibus*, se eu puder chamá-lo assim, residem apenas no reino das várias imagens fugazes de estilo, sem captar a própria concepção subjacente. Seus oponentes protagóricos, por sua vez, rejeitarão essa maneira de falar, tomando emprestada uma expressão de Jeremy Bentham, como "contrassenso sobre pernas de pau".

Cada um desses pontos de vista tem suas dificuldades. Dizer "é tudo uma questão de gosto" é uma rolha multiúso para bloquear discussões sobre valores estéticos. Pode ser proferida a qualquer hora a respeito de qualquer obra de arte ou de literatura. Mais importante ainda, ela corta completamente a conexão com as propriedades reais do objeto em consideração. A esse respeito, ela funciona muito como outra rolha multiúso: "isso é o que você diz". Em ambos os casos, todas as considerações importantes são marginalizadas e o conteúdo da discussão foi esvaziado. Talvez surpreendentemente, uma perda similar de conteúdo acontece quando Saint Laurent recorre ao estilo como alguma coisa distinta da moda. Presumivelmente, o trabalho de alguns estilistas da moda exemplifica melhor o estilo do que o trabalho de outros, mas ouvir que uma peça exibe mais estilo do que outra não nos diz nada em particular sobre nenhuma das duas. (Veremos mais tarde que uma dificuldade semelhante surge com a noção de beleza.)

Eis, então, nosso problema: há alguma forma de pôr restrições em juízos de gosto (por exemplo, em juízos estéticos) que os proteja do princípio *de gustibus* sem, ao mesmo tempo, recorrer a coisas sobrenaturais que não explicam nada? Se não houver, então toda a área pode ser apenas meramente dialética. De fato, contudo, não vejo por que a crítica, por exemplo, tenha de ser dialética. Ela pode, se se quiser, ter um exterior – alguma coisa que ponha restrições em seus julgamentos. Para conseguir isso, ela deve estar profundamente imersa em seu assunto principal (obras de literatura, arte, música e outras semelhantes). Embora essa possa parecer uma maneira estranha de falar, os críticos devem estar envolvidos em relações *causais* com seus assuntos. Eles têm de se enredar causalmente com seus assuntos. Hume apresenta essa concepção em seu ensaio "Do padrão do gosto". Esse ensaio é, a meu ver, o melhor texto escrito na teoria crítica.

Hume começa reconhecendo que há uma presunção forte e quase esmagadora contra a possibilidade de estabelecer padrões de gosto. Primeiro, qualquer tentativa desse tipo deve lidar com a ampla diversidade de gosto que existe no mundo. Em vez de negar isso, Hume sustenta que a diversidade é ainda mais ampla do que a maioria das pessoas reconhece:

> Homens do conhecimento mais limitado são capazes de notar uma diferença de gosto dentro círculo estreito de seus conhecidos, mesmo quando as pessoas foram educadas sob o mesmo governo e desde cedo assimilaram os mesmos preconceitos. Mas aqueles que podem ampliar sua concepção para contemplar nações distantes e épocas remotas ficam ainda mais surpresos com a grande discrepância e desacordo. Estamos inclinados a chamar de *bárbaro* tudo o que se afasta muito de nosso próprio gosto e compreensão, mas logo descobrimos o epíteto da censura retrucado a nós.[2]

Ademais, as coisas podem ser ainda piores do que aparecem pela primeira vez, porque muito do que parece contar como um acordo em questões de gosto é meramente verbal:

> Há certos termos em toda língua que implicam censura e outros, elogio; e todos os homens que usam a mesma língua têm de concordar na sua aplicação deles. Todas as vozes se unem para aplaudir a elegância, a adequação, a simplicidade e o espírito no escrever e para censurar o estilo empolado, a artificialidade, a frieza e um falso brilhantismo. Mas, quando os críticos discutem os casos particulares, essa aparente unanimidade desaparece e descobre-se que atribuíam um sentido muito diferente a suas expressões.[3]

O mero fato da diversidade de opinião não mostra, por si mesmo, que nenhuma opinião é melhor do que qualquer outra. Essa certamente não é uma atitude de adotamos a respeito de simples enunciados de fato. Se uma pessoa afirma que Jones está em casa

---

2 Hume, 1987, p. 226 -27 (p. 333).

3 Hume, 1987, p. 227 (p. 333).

e outra o nega, então há um fato a respeito dessa questão que determina quem está certo e quem está errado. Ademais, pode haver um procedimento muito simples para resolver essa questão além de toda dúvida razoável – por exemplo, procurando na casa. Parece, contudo, que Hume não pode apelar para nenhuma verificação análoga ao lidar com conflitos em juízos de gosto, pois ele mesmo era um subjetivista no que diz respeito a valores estéticos.

> Entre mil opiniões diferentes que homens diferentes podem ter do mesmo assunto, há uma e somente uma que é justa e verdadeira, e a única dificuldade é identificá-la e averiguá-la. Ao contrário, mil sentimentos diferentes despertados pelo mesmo objeto são todos certos, porque nenhum sentimento representa o que realmente está no objeto.[4]

A beleza, de acordo com Hume, "não é uma qualidade das próprias coisas. Existe apenas na mente que as contempla e cada mente percebe uma beleza diferente". Para Hume, todos os valores, incluindo os valores morais, surgem de sentimentos que objetos ou ações produzem em nós, os quais nós, sem percebermos, projetamos de volta nos objetos ou ações. Assim, nunca há um valor inerente no objeto que possa confirmar ou desconfirmar nossa atribuição de valor a ele.

Dada essa combinação da diversidade do gosto e da subjetividade dos valores, parece que se impõe a nós a aceitaçãodo que Hume chama de "princípio da igualdade natural dos gostos". *De gustibus non disputandum est* – gosto não se discute. Não conheço nenhum lugar em que um argumento mais forte foi apresentado contra a possibilidade de estabelecer padrões de gosto. Hume não pode ser acusado de subestimar a dificuldade da tarefa que ele empreendeu.

---

4 Hume, 1987, p. 230 (p. 335).

Tendo composto esse poderoso argumento em favor do que podemos chamar de protagorismo estético – cada um de nós é medida de todos os valores – Hume lhe oferece uma resposta notavelmente simples.

> Mas, embora esse axioma, ao ter-se transformado em provérbio, pareça ter alcançado a sanção do senso comum, há certamente uma espécie de senso comum que se lhe opõe ou, pelo menos, serve para modificá-lo e restringi--lo. Quem quer que afirmasse uma igualdade de gênio e elegância entre Ogilby e Milton ou entre Bunyan e Addison não seria considerado defensor de extravagância menor do que se sustentasse que o montículo feito por uma toupeira é tão alto quanto o rochedo de Tenerife ou que um lago é tão extenso quanto o oceano.[5]

A ideia defendida por Hume é esta: embora, por um lado, o tipo de considerações que ele mesmo apresentou pareça impor o reconhecimento do princípio da igualdade natural dos gostos, por outro lado, na vida cotidiana, confiantemente fazemos avaliações que vão totalmente contra esse princípio.

Muitos seres humanos têm, por exemplo, vasta experiência em ver vitrines em lojas e comumente têm concepções claras a respeito de quais são as melhores. Há amplo espaço para o desacordo, mas, quando visitam a Itália, os turistas quase sempre ficam impressionados com o estilo e a elegância das vitrines. Isso é verdadeiro não somente dos centros da moda, como Milão, mas até mesmo de lojas em cidades pequenas. Em comparação, as vitrines de Nova York parecem, se não exatamente desleixadas, certamente menos sofisticadas. Nunca encontrei ninguém – embora possa haver – que discordasse desse juízo. Mas suponhamos que trouxéssemos uma pessoa

---

5   Hume, 1987, p. 230-31 (p. 336).

que passou sua vida inteira em uma vila na Nova Guiné, totalmente isolada do resto do mundo. Ela nunca viu uma vitrine de loja, talvez nem sequer uma loja. Os objetos na vitrine – os manequins, as várias partes do corpo – podem lhe parecer aterrorizantes, lascivos, mortos, risíveis e assim por diante, dependendo das associações que ela fizer, se as fizer. Não seria surpreendente se as preferências dela sobre qual vitrine parece a mais bonita (ou a menos feia) diferissem fortemente da nossa. Mas colocar nossos padrões acima dos dela não seria simplesmente uma questão de imperialismo cultural? Se concedermos que seria, não teremos cortado a possibilidade de haver padrões de gosto não arbitrários? Parecemos estar diante de um dilema. Quando vemos as coisas de perto, por assim dizer, não sentimos nenhuma hesitação em dizer que a vitrine de uma loja é mais elegante (imaginativa, sofisticada, encantadora, espirituosa, emocionante) que a de outra. No entanto, quando recuamos e vemos a situação à distância – refletindo sobre as críticas teóricas de Hume ou, mais concretamente, refletindo sobre como a situação pode aparecer a outros com uma herança cultural diferente – a confiança em nossas avaliações de perto pode simplesmente desaparecer. Sentindo o puxão em ambos os sentidos, inclinamo-nos a dizer algo do seguinte tipo: "as vitrines de comida em Bologna são absolutamente esplêndidas – mas, claro, não há realmente valores estéticos".

A saída de Hume para essa dificuldade (ou sua maneira de contorná-la) é tratar juízos de gosto, pelo menos em suas formas mais simples, como respostas naturais ao mundo. Vejo (ou pareço ver) a beleza de uma borboleta da mesma maneira direta como vejo (ou pareço ver) o padrão colorido de suas asas. De fato, pode parecer completamente impossível separar os dois. Wittgenstein nota isso na seguinte passagem:

> Sei o que *isto significa*: "Imagine esta mesa preta em vez de marrom"; significa alguma coisa como: "Pinte uma imagem desta mesa, mas

> preta em vez de marrom", ou, similarmente: "Desenhe este homem, mas com pernas mais compridas do que as que tem".
> Suponha que alguém dissesse: "Imagine esta borboleta exatamente como é, mas feia em vez de bonita"?![6]

Aqui, queremos dizer – e com toda razão – que são os padrões coloridos nas asas que as tornam belas ou mesmo que constituem a beleza, de modo que não é possível separá-los. Então, contudo, poder-se-ia ressaltar que muitas coisas são belas – por exemplo, obras musicais, quecertamente não são compostas de padrões coloridos. Parece, então, que a beleza não é separável nem está contida nos padrões de cores das asas da borboleta. Pareceque fomos desviados por um paradoxo outra vez. Antes de prosseguirmos, tentaremos achar uma maneira de nos livrarmos dele.

Nossa dificuldade aqui é que não entendermos como a palavra "belo" – e, certamente, como termos avaliativos em geral – funciona. Hume está no caminho certo quando comenta, na passagem citada acima, que "há certos termos em toda língua que implicam censura e outros, elogio". Isto é, há em nossa língua palavras que expressam aprovação ou desaprovação. Termos avaliativos como "bom" e "belo" funcionam para expressar aprovação. Palavras como "ruim" e "feio" funcionam de maneira oposta, para expressar desaprovação. Temos um vocabulário de termos avaliativos extraordinariamente rico e nuançado, o qual nos permite expressar nossa aprovação ou desaprovação das coisas de maneiras sutis e complexas. Nesse vocabulário, encontramos palavras como "delicioso", "frívolo", "pomposo", "persistente", "elegante", "gostoso" e "rabugento". Cada uma dessas palavras fornece uma maneira de expressar aprovação ou desaprovação ao longo de um eixo de avaliação."Bom" é um termo completamente geral de aprovação. Ele depende inteiramente

---

6 Wittgenstein, 1974, §127.

do contexto para ter uma força particular. A palavra "delicioso" tem um âmbito mais estreito de aplicação. Não é o nome de um sabor particular; ao contrário, é nosso termo mais geral de aprovação de sabores.[7]

Nossas dificuldades surgem porque tendemos a pensar que a noção de beleza é a noção fundamental da estética. Se olharmos para as questões dessa maneira, poderemos então pensar que a tarefa fundamental da estética é compreender a essência dessa noção. Mas, como a palavra "bom", a palavra "belo", quando destituída de apoio contextual, quase não tem conteúdo. Seu uso sem apoio conceitual equivale a pouco mais do que uma expressão vazia de aprovação ao longo de um eixo estético. Wittgenstein insiste nessa ideia em *Cultura e Valor*. Ele imagina alguém discutindo uma seção específica de uma peça de música, dizendo que "a repetição é necessária". Ele então oferece estas reflexões sobre o significado de um comentário desse tipo:

> Em que medida é ela necessária? Bem, canta-o e verás que só a repetição lhe confere seu extraordinário poder. – Não temos uma impressão de que já existe, na realidade, um modelo para este tema e que o tema apenas se lhe aproxima, lhe corresponde, se esta parte for repetida? Ou terei de proferir a inanidade: "Soa ainda mais belo com a repetição"? (Vê-se, a propósito, o papel idiota que a palavra "belo" desempenha na estética.) Apesar de tudo, não *há* nenhum paradigma para além do tema. E contudo *há*, de novo, um paradigma além do tema; a saber,

---

[7] A palavra "delicioso" pode ser usada metaforicamente a respeito de outras coisas; por exemplo, podemos falar de uma sátira deliciosa ou (proverbialmente) de uma loira deliciosa. Há, contudo, limites para as maneiras nas quais termos avaliativos especializados podem ser usados metaforicamente. Eu sei como é um jogador de beisebol fazer um belo jogo, mas não consigo dar sentido à ideia de um jogador de beisebol fazer um jogo delicioso.

o ritmo da nossa linguagem, do nosso pensamento e do nosso sentir. E, ademais, o tema é uma parte *nova* da nossa linguagem; incorpora-se-lhe; aprendemos um novo *gesto*.[8]

Como essa passagem é muito complexa, talvez algum comentário seja adequado. Ela explicita o vazio ou a frivolidade de dizer que uma nota é tocada melhor de uma maneira em vez de outra porque é mais bela tocada daquela maneira. A passagem faz mais do que isso. Ela chama à nossa atenção o sentimento de que a nota, quando tocada da maneira correta, aproxima-se de um modelo ideal que de algum modo já existe na realidade. Quando alguém diz, "agora você a tocou corretamente", o "a" parece se referir a essa entidade ideal que está sendo igualada. Contudo – e essa é a ideia central dessa passagem notoriamente difícil – simplesmente não há tal modelo pré-existente, do qual uma performance mais ou menos se aproximaria. Não há nada por trás do tema que sirva como um padrão. O tema não é restringido dessa maneira (platônica). Mas o tema encontra restrições de um tipo diferente – lateralmente, podemos dizer. Elas são "o ritmo da nossa linguagem, do nosso pensamento e do nosso sentir". Embora o tema seja restringido pelo campo de força que o circunda, tocar a passagem de uma certa maneira pode fazer uma contribuição significativa a esse campo. Isso nos fornece, como Wittgenstein o expressa, um novo gesto.

Desviamo-nos muito da defesa humeana dos padrões de gosto. É hora de retornar a ela. Hume apresenta o que podemos chamar de explicação do espectador qualificado como a base desses padrões.[9] Consideraremos alguma coisa como um padrão de gosto se pessoas

---

8 Wittgenstein, 1984, p. 52 (p. 81).

9 Essa é uma noção mais modesta que aquela de um espectador *ideal* que julga as coisas de um ponto de vista como que divino. Hume explicita em detalhes as características que uma pessoa deve ter para ser um juiz qualificado em assuntos estéticos.

de gosto assim a reconhécerem. Obras de arte são, então, avaliadas em termos desses padrões. Mas o que qualifica alguém a ser uma pessoa de gosto? Não resolve a dificuldade definir uma pessoa de gosto como quem reconhece os padrões apropriados. Isso seria um círculo certamente pequeno. Hume tenta evitar esse círculoao oferecer o equivalente a uma solução cética para as dúvidas céticas que ele mesmotão diligentemente exibiu. Ele oferece uma descrição das condições sob as quais um consenso razoável pode surgir a respeito dos padrões de gosto e beleza.

Tal como fez quando discutiu os raciocínios indutivos, Hume começa rejeitando a ideia de que o assunto em questão possa ser tratado de uma forma puramente *a priori*:

> É evidente que nenhuma das regras da composição é estabelecida por raciocínio *a priori* ou pode ser considerada como uma conclusão abstrata do entendimento, por meio da comparação daqueles hábitos e relações de ideias que são eternos e imutáveis. Seu fundamento é o mesmo que o de todas as ciências práticas, isto é, a experiência.[10]

Se, contudo, nos voltarmos para a experiência para orientação, mais uma vez encontraremos os problemas da subjetividade e variabilidade. Hume tem uma resposta engenhosa para esse problema. Assim como a maioria dos seus contemporâneos filosóficos, Hume sustentou que a cor de um objeto é uma qualidade secundária – isto é, não reside no próprio objeto mas é, em vez disso, algo adicionado a ele pela mente que o percebe. Hume propõe tratar essas qualidades, como a beleza, com base nesse modelo das qualidades secundárias. Esse passo pode parecer conceder tudo ao cético. Na seguinte passagem notável, a qual aparece como uma nota de rodapé em seu ensaio "O cético", Hume argumenta que não.

---

10 Hume, 1987, p. 231 (p. 336).

> Se não estivesse com medo de parecer filosófico demais, deveria lembrar ao meu leitor daquela famosa doutrina, considerada totalmente provada em tempos modernos: "gostos e cores, e todas as outras qualidades sensíveis, se encontram não nos corpos, mas meramente nos sentidos". A situação é a mesma com beleza e deformidade, virtude e vício. Essa doutrina, contudo, não diminui mais a realidade destas últimas qualidades do que a das primeiras, nem precisa ofender críticos ou moralistas. Embora fosse concedido que as cores se encontram somente nos olhos, seriam tintureiros ou pintores menos considerados ou estimados? *Há suficiente uniformidade nos sentidos e sentimentos da humanidade, para fazer de todas essas qualidades os objetos da arte e do raciocínio e para ter a maior influência na vida e nos costumes.* E como é certo que a descoberta supracitada na filosofia natural não causa nenhuma alteração na ação e na conduta; por que uma descoberta similar na filosofia moral deveria causar qualquer alteração?[11]

Isto é, somos suficientemente similares nas maneiras como percebemos e sentimos o mundo para permitir que um consenso razoável surja a respeito das qualidades de objetos de arte e raciocínio.

Há, no entanto, outra fonte de variabilidade com a qual se deve lidar: objetos podem apresentar aparências diferentes em situações diferentes. Os seres humanos acharam formas de lidar com esse problema no que se refere a cores; Hume sugere que um método análogo pode ser usado a respeito da beleza.

> Se, no estado saudável do órgão, houver uma uniformidade completa ou considerável nos sentimentos dos homens, podemos daí deri-

---

11 Hume, 1987, p. 166 (p. 180) (ênfase acrescida).

> var uma ideia da perfeita beleza, da mesma maneira que a aparência dos objetos à luz do dia, aos olhos das pessoas saudáveis, é chamada sua cor verdadeira e real, mesmo que se reconheça que a cor é simplesmente um fantasma dos sentidos.[12]

Em "Do padrão do gosto", Hume desenvolve essa analogia com algum detalhe. Correspondendo aos "olhos de uma pessoa saudável", temos o que ele chama de delicadeza de gosto:

> Quando os órgãos são tão finos que não deixam escapar nada e, ao mesmo tempo, são suficientemente apurados para perceber todos os ingredientes da composição, dizemos que há uma delicadeza de gosto.[13]

Também é necessário, por meio da prática, desenvolver habilidades de discernimento:

> Quando qualquer espécie de objeto se apresenta pela primeira vez ao olho ou à imaginação, o sentimento que provoca é obscuro e confuso, e a mente fica, em grande medida, incapaz de pronunciar-se sobre seus méritos ou defeitos.[14]

Ao que Hume acrescenta:

> Numa palavra, a mesma competência e destreza que a prática dá à execução de qualquer obra é também adquirida pelos mesmos meios, para sua apreciação.[15]

---

12 Hume, 1987, p. 234 (p. 338).
13 Hume, 1987, p. 235 (p. 339).
14 Hume, 1987, p. 237 (p. 341).
15 Hume, 1987, p. 237 (p. 341).

No desenvolvimento de um sentido de gosto, também é importante ver uma obra de arte em sua relação com outras obras de arte:

> Quem nunca teve oportunidade de comparar os diversos tipos de beleza com certeza se encontra completamente desqualificado de dar uma opinião a respeito de qualquer objeto que lhe seja apresentado. Só por meio da comparação podemos determinar os epítetos da aprovação ou da censura, aprendendo a atribuir o devido grau de cada um.[16]

É essa falta de experiência comparativa, e não determinada deficiência estética, que faz a visitante de Nova Guiné não qualificada para julgar vitrines.

Finalmente, tanto quanto possível, uma pessoa de gosto tem de estar livre de tendências:

> Pode-se observar que toda a obra de arte, a fim de produzir sobre a mente o devido efeito, deve ser examinada de um determinado ponto de vista e não pode ser plenamente apreciada por pessoas cuja situação, real ou imaginária, não seja adaptada a que é exigida pelo desempenho.[17]

Em suma:

> Somente o sentido forte, ligado ao sentimento delicado, melhorado pela prática, aperfeiçoado pela comparação e liberto de todo preconceitopode dar aos críticos o direito a essa valiosa dignidade, e o veredicto conjunto dos que a possuem, seja onde for que se encontrem, é o verdadeiro padrão do gosto e da beleza.[18]

---

16 Hume, 1987, p. 238 (p. 342).
17 Hume, 1987, p. 239 (p. 342).
18 Hume, 1987, p. 241 (p. 344).

Para Hume, então, a apreciação estética adequada envolve uma interação complexa entre sentir e pensar. Em sua *Investigação sobre os princípios da moral*, Hume insiste nessa a ideia da seguinte maneira:

> Alguns tipos de beleza, especialmente a das espécies naturais, na sua primeira aparição, impõem-se a nosso afeto e aprovação e, quando não produzem esse efeito, é impossível que qualquer raciocínio consiga compensar sua influência ou adaptá-las melhor ao nosso gosto e sentimento. Mas em muitas ordens de beleza, particularmente aquelas das belas-artes, é preciso empregar muito raciocínio para experimentar o sentimento adequado e um falso deleite pode muitas vezes ser corrigido por argumento e reflexão.[19]

Só tenho duas reservas quanto à explicação de Hume dos padrões de gosto. A primeira diz respeito à tendência de Hume em pôr a discussão em um nível alto demais, concentrando-se na beleza, até mesmo na beleza perfeita. A segunda reserva diz respeito à afirmação humeana de que princípios do gosto são universais, o que sugere que todas as pessoas de gosto, onde e quando quer que tenham vi-

---

19 Hume, 1975, p. 173 (p. 229-230). A passagem continua com a afirmação de que uma situação similar se aplica a padrões morais:

> Há boas razões para se concluir que a beleza moral tem muitos traços em comum com esta última espécie e exige a assistência de nossas faculdades intelectuais para adquirir uma influência adequada sobre a mente humana.

Isso representa uma interessante inversão da maneira comum de raciocinar. Geralmente, a afirmação de que padrões morais são como padrões estéticos é uma maneira de indicar sua completa subjetividade. Aqui, Hume, como um defensor dos padrões de gosto, invoca essa comparação para sustentar a possibilidade de padrões morais razoavelmente objetivos.

vido, chegarão aos mesmos princípios fundamentais do gosto. Embora não haja nenhuma razão *a priori* por que isso não poderia ser verdade, não vejo nenhuma razão para supor (ou exigir) que padrões de gosto irão – de alguma maneira profunda – ser invariantes em diferentes culturas, épocas e assuntos. Pessoas que se enquadram nas qualificações humeanas para ser árbitros do gosto podem exercer seus talentos em culturas tendo formas de arte e tradições artísticas diferentes daquelas encontradas na cultura de Hume (ou na nossa). Nada no argumento de Hume obriga um compromisso com a universalidade. O ceticismo não triunfa automaticamente se a universalidade dos padrões de gosto não é estabelecida. O argumento básico de Hume não se direciona diretamente contra o pluralismo a respeito dos padrões de gosto; direciona-se contra o que ele chama de "princípio da igualdade natural de gostos". A distinção entre pessoas com bom gosto e pessoas sem gosto se mantém, mesmo que a distinção se manifeste de diferentes maneiras em diferentes culturas e talvez mesmo de diferentes maneiras em diferentes aspectos de uma cultura particular.[20]

Para encerrar, volto à comparação entre a solução cética de Hume para suas dúvidas filosóficas sobre a indução e sua solução cética para suas dúvidas filosóficas sobre padrões de gosto. Em ambos os casos a solução de Hume é essencialmente causal. É nossa interação com o mundo à nossa volta que nos permite (com sorte) formar crenças estáveis e razoavelmente exatas sobre as leis que governam a natureza. Do mesmo modo, são nossas interações com a arte, a música e a literatura que nos permitem emitir juízos estáveis e razoavelmente exatos sobre os padrões que governam o gosto. Em cada caso, quando mergulhamos em alguma coisa não conceitual, restrições são colocadas em nossos juízos. Se, ao con-

---

20 Dada a sua capacidade de fazer juízos bem fundados em seus próprios contextos culturais, as pessoas de bom gosto podem ter uma vantagem em entender e apreciar os valores de outras culturas. Ao fazer isso, elas também podem ampliar o âmbito de comparações que aceitam como esteticamente relevantes.

trário, olharmos na direção oposta, para a teoria, a fim de resolver nossos problemas, seremos inevitavelmente levados, creio, a uma de duas posições opostas, uma concepção *a priori* sobre entidades ideais ou uma concepção perspectivista/cética que difama objetos de arte. Das duas maneiras, a crítica perde o contato com seu objeto.

A evaporação do objeto é a ameaça central para um trabalho significativo nas humanidades e, quanto a isso, no campo das ciências sociais também. O vício recente no que é chamado de "teoria crítica" é uma força central nesse impulso para o vazio.

CAPÍTULO 7
Últimas palavras

Aprender é aprender a se divertir.

W. V. O. Quine, *The Roots of Reference*

Um exame do caráter precário de nossas vidas intelectuais tem a seguinte característica perturbadora: refletir sobre as maneiras pelas quais nossas vidas intelectuais podem vir a ser precárias pode produzir a crença de que elas realmente são irremediavelmente precárias. Por exemplo, argumentei que, por não colocarmos restrições nos anuladores que levamos a sério quando avaliamos afirmações de conhecimento, somos levados diretamente ao ceticismo. Paradoxalmente, refletir sobre anuladores remotos e o consequente dano quando os levamos a sério pode nos fazer levá-los a sério e, então, nos colocar em perigo.[1]

Uma saída dessa dificuldade é sustentar que os problemas céticos, embora intelectualmente enigmáticos, nunca podem ser levados a sério. Essa saída, como Hume viu, é simplesmente falsa. Tendo levantado uma série de desafios céticos, os quais considera completamente irrespondíveis, Hume tenta encontrar consolo no

---

1 Esse é um tema central de Fogelin, 1994. Uma linha de pensamento um pouco diferente, embora paralela, encontra-se em David Lewis, 1996.

pensamento de que "reflexões muito refinadas têm pouca ou nenhuma influência sobre nós". Ele logo vê que isso não funciona:

> Mas que foi que eu disse? Que as reflexões muito sutis e metafísicas exercem pouca ou nenhuma influência sobre nós? Dificilmente poderia deixar de me retratar e de condenar essa minha opinião com base em meu sentimento e experiência presente. A visão *intensa* dessas variadas contradições e imperfeições da razão humana me afetou de tal maneira, e inflamou minha mente a tal ponto, que estou prestes a rejeitar toda crença e raciocínio, e não consigo considerar uma só opinião como mais provável ou verossímil que as outras. Onde estou, o que sou? De que causas derivo minha existência, e a que condição retornarei? De quem o favor deverei cortejar, a ira de quem devo temer? Que seres me cercam? Sobre quem exerço influência, e quem exerce influência sobre mim? Todas essas questões me confundem, e começo a me imaginar na condição mais deplorável, envolvido pela mais profunda escuridão, e inteiramente privado do uso de meus membros e faculdades.[2]

Quando se faz filosofia, pode-se ficar seriamente espantado.

Parece, então, que examinar a vida precária de um animal racional é uma atividade inerentemente precária. Então, por que empreendê-la? Hume trata dessa questão tanto no *Tratado da natureza humana* quanto na *Investigação sobre o entendimento humano*. A resposta do *Tratado* se resume a isto: embora fazer filosofia possa produzir melancolia, às vezes – quando a situação é adequada– também pode ser divertido. Na linguagem mais elegante de Hume:

---

2 Hume, 1978, p. 268-69 (p. 301).

> Assim, no momento em quem cansado de diversões e de companhia, entrego-me a *devaneios* em meu aposento, ou enquanto passeio solitário pela margem de um rio, sinto minha mente inteiramente voltada para si mesma, e minha atenção se *inclina* naturalmente para aqueles temas sobre os quais encontrei tantas discussões no decorrer de minhas leituras e conversas. Não posso deixar de sentir curiosidade sobre os princípios morais do bem e do mal, a natureza e o fundamento do governo, e a causa das diversas paixões e inclinações que me movem e governam... Tais sentimentos brotam naturalmente em minha disposição presente; e, se eu tentasse erradicá-los, dedicando-me a qualquer outra tarefa ou divertimento, *sinto* que perderia no âmbito do prazer; e esta é a origem de minha filosofia.[3]

Estou inteiramente de acordo com essa justificativa para o filosofar, mas em sua *Investigação sobre o entendimento humano*, Hume discute o assunto de maneira mais profunda. Na seção inicial dessa obra, ele traça uma distinção entre duas espécies de filosofia, uma popular (ou fácil), a outra, abstrusa.

> [A filosofia popular ou fácil] considera o homem principalmente como nascido para a ação e como influenciado em suas atitudes pelo gosto e pelo sentimento...
> [Filósofos abstrusos] veem no homem antes um ser dotado de razão do que um ser ativo, e dirigem seus esforços mais à formação de seu entendimento do que ao cultivo de seus costumes.[4]

---

3   Hume, 1978, p. 270-71 (p. 303).

4   Hume, 1975, p. 5-6 (p. 19-20).

Hume destaca várias desvantagens da filosofia abstrusa. Ela pode ter pouca influência na vida cotidiana. É fácil errar ao segui-la. Aludindo à passagem do *Tratado* transcrita acima, ele também enfatiza que fazer filosofia abstrusa pode causar bastante infelicidade. Ele faz a própria Natureza dar o seguinte aviso àqueles que querem fazer filosofia abstrusa:

> O pensamento abstruso e as investigações recônditas são por mim proibidos e severamente castigados com a pensativa tristeza que ensejam, com a infindável incerteza em que serás envolvido e com a fria recepção dedicada a tuas pretensas descobertas, quando comunicadas. Sê um filósofo, mas, em meio a toda tua filosofia, não deixes de ser um homem.[5]

Dado isso tudo, por que alguma pessoa sensível deveria seguir a filosofia abstrusa? Hume deve a seu leitor uma resposta a essa questão, pois o resto da *Investigação sobre o entendimento humano* é um exemplo de filosofia abstrusa.

Hume oferece algumas respostas a esse desafio. Ele nos diz que o estudo da filosofia abstrusa pode contribuir para o pensamento exato – talvez da maneira em que se diz que o estudo da geometria contribui para isso. Repetindo a afirmação que fez no *Tratado*, ele nos diz que às vezes, para algumas pessoas, ocupar-se com reflexões abstrusas pode ser prazeroso. Ele, então, oferece uma razão muito mais profunda paradedicar-se à filosofia abstrusa.

> O único método de livrar a instrução definitivamente dessas recônditas questões é investigar seriamente a natureza do entendimento humano e mostrar, com base em uma análise clara de seus poderes e capacidades, que ele não está de modo nenhum apto a tratar de as-

---

5   Hume, 1975, p. 9 (p. 23).

suntos tão remotos e abstrusos. Devemos dar-nos a esse trabalho agora para vivermos despreocupadamente no futuro.⁶

A razão fundamental para seguir a filosofia abstrusa é, ao fim e ao cabo, nos livrar da necessidade e do desejo de fazê-lo.

Somente na seção final da *Investigação sobre o entendimento humano* Hume indica como essa catarse pode ocorrer. Embora sustente que as dúvidas céticas perdem muito de sua força quando os filósofos interrompem seus estudos e retornam aos assuntos da vida comum, Hume não sustenta que as dúvidas céticas são completamentedestituídas de influência sobre a vida cotidiana. Para Hume, as dúvidas levantadas no estudopodem, embora com força diminuída, ser levadas às ruas, onde podem executar o serviço útil de moderar os compromissos dogmáticos. Dessa maneira, as dúvidas céticas podem ser usadas para frear aquilo a que Hume se refere como "entusiasmo"– o que chamamos hoje de fanatismo.

Para Hume, o reconhecimento da força dos argumentos céticos pode ter outro efeito salutar: pode colocar limites na abrangência de nossas atividades intelectuais. Em um trecho que de certa forma antecipa a noção de ilusões dialéticas de Kant, Hume nos diz:

> A *imaginação* do homem é naturalmente atraída para o sublime, deleita-se com tudo o que é remoto e extraordinário, e irrompe impetuosamente nas mais distantes partes do espaço e do tempo para fugir dos objetos que o hábito tornou-lhe demasiado familiares. Um correto *julgamento* segue o método contrário, e, evitando todas as indagações remotas e elevadas, restringe-se à vida comum e aos objetos que se apresentam à prática e à experiência cotidianas, deixando os tópicos mais sublimes aos floreios de poetas e oradores, ou aos artifícios de sa-

---

6 Hume, 1975, p. 12 (27).

cerdotes e políticos. Nada pode ser mais útil para conduzir-nos a essa salutar determinação do que deixar-nos convencer plenamente, de uma vez por todas, da força da dúvida pirrônica, e da impossibilidade de que qualquer coisa, exceto o forte poder do instinto natural, possa nos livrar-nos dela.[7]

Para Hume, então, os contextos nos quais as dúvidas céticas radicais emergem e os contextos nos quais os instintos naturais geram nossas crenças não são domínios separados e isolados. Um influencia o outro. Sem a poderosa força da crença natural, nada pode prevenir o inevitável tombo da razão, que descamba para um ceticismo desolado. Sem a força da dúvida cética para nos tornar mais humildes, nada impede nossos pensamentos de ultrapassar seus limites naturais, indo até a terra das ilusões. Somente por meio do exercício da filosofia abstrusa podemos adquirir um entendimento adequado de nossas limitações cognitivas, um entendimento que nos permitirá, nas palavras de Hume, "vivermos despreocupadamente no futuro".

Minhas opiniões estão, em geral, de acordo com as de Hume – não surpreendentemente, porque seus escritos são de onde muitas delas vêm. Contudo, existem algumas diferenças. No capítulo cinco, argumentei que Hume fora pessimista demais ao descrever os limites da ciência, pois muitas das coisas que ele achou que estariam para sempre além de nosso entendimento (por exemplo, por que o pão nutre) são agora bem compreendidas. Ao contrário de Hume, não vejo como determinar limites, em princípio, para o progresso da ciência. Por outro lado, parece-me que Hume, pelo menos nas passagens que acabei de citar, foi otimista demais ao pensar que podemos alcançar um ponto estável em nossas vidas em que podemos "viver despreocupadamente no futuro". Como Kant e Wittgenstein, penso que a precariedade é uma característica permanente de nossas vidas

---

7 Hume, 1975, p. 162 (p. 218).

intelectuais. Se isso estiver certo, então os filósofos têm um papel importante a desempenhar ao expor os mecanismos que persistentemente distorcem e corrompem nossas atividades intelectuais. Se essa é uma atividade humilde, pelo menos é uma atividade que sempre será necessária.

Não é tudo isso um pouco deprimente? De certa maneira, é. Se Kant está certo ao dizer que "a razão humana... é atormentada por questões que não pode ignorar... mas às quais, por transcenderem todos os seus poderes, também não é capaz de responder", então estamos fadados à ilusão ou à insatisfação. Por concordar com Kant, acho esse resultado inevitável. Mas não é um resultado que exclua toda investigação ou torna toda investigação tediosa. Sugeri que a única coisa – ou pelo menos a principal coisa – que nos protege de cairmos em incoerência, de sermos capturados pela ilusão dialética e de sucumbirmos a um ceticismo humilhante é nos envolvendo no mundo de maneiras que colocam os nossos pensamentos sob restrições que não são outros pensamentos. Essa é uma atividade inerentemente falível, arriscada e, muitas vezes, decepcionante. Não é, contudo, uma atividade inerentemente tediosa. Frequentemente, é divertida e, no seu melhor momento, é uma grande aventura.

REFERÊNCIAS BIBLIOGRÁFICAS

ARISTÓTELES. *The Complete Works of Aristotle*. Princeton: Princeton University Press, 1984. (Tradução em português: Aristóteles. *Metafísica, livros IV e VI*. Tradução, introdução e notas de Lucas Angioni Clássicos da Filosofia: Cadernos de Tradução nº 14, IFCH/Unicamp, 2007.)

AUSTIN, John L. *Philosophical Papers*. Oxford: Oxford University Press, 1979.

BACON, Francis. "The Great Instauration". In: *The Works of Francis Bacon*. ELLIS, Robert; SPEDDING, James; HEATH, Douglas (ed.). vol. 4. Londres: Longmans, 1889.

BARNES, Jonathan. "The Beliefs of a Pyrrhonist." In: KENNY, E. J.; MACKENZIE, M. M. (ed.). *Proceedings of the Cambridge Philological Society*. Cambridge: Cambridge University Press, 1982, p. 2-29.

BONJOUR, Laurence. *The Structure of Empirical Knowledge*. Cambridge Mass.: Harvard University Press, 1985.

BURNYEAT, Myles. "Can the Sceptic Live His Scepticism?". In: SCHOFIELD, M.; BURNYEAT, M. F.; BARNES J. *Doubt and Dogmatism*. Oxford: Clarendon Press, 1980.

CHOMSKY, Noam. *Cartesian Linguistics*. New York: Harper and Row, 1966. (Tradução portuguesa: Chomsky, Noam. *Linguística Cartesiana*. Petrópolis: Vozes/São Paulo: Edusp, 1972.)

CLIFFORD, W. K. "The Ethics of Belief". In: CLIFFORD, W. K. *Lectures and Essays*. London: Macmillan, 1879.

DAVIDSON, Donald. *Inquiries into Truth and Interpretation*. Oxford: Oxford University Press, 1984.

_____. "On the Very Idea of a Conceptual Scheme". In: *Proceedings and Addresses of the American Philosophical Association* 42. 1974 p. 5-20.

DENNETT, Daniel C. *Darwin's Dangerous Idea*. Nova York: Simon and Schuster, 1985. (Tradução Brasileira: Dennett, Daniel C. *A perigosa ideia de Darwin*, Trad. Talita M. Rodrigues, Rocco: Rio de Janeiro, 1998.)

DESCARTES, René. *The Philosophical Writings of Descartes*. Cambridge: Cambridge University Press, 1984. (Tradução brasileira: Descartes, René. *Meditações Metafísicas*, Trad. Maria Ermatina de Almeida Prado Galvão, Martins Fontes: São Paulo, 2011.)

DEWEY, John. *The Quest for Certainty*. Nova York: Minton, Balch, 1929.

EMERSON, Ralph Waldo.*Essays and Lectures*. Nova York: Literary Classics of the United States, 1983.

FEYERABEND, Paul. *Against Method*. 3 ed. Londres/Nova York: Verso, 1975. (Tradução Brasileira: Feyerabend, Paul. *Contra o método*, trad. Cezar Augusto Mortari, São Paulo: Unesp, 2007.)

FOGELIN, Robert J. "Aspects of Quine's Naturalized Epistemology." In: Gibson, Roger (ed.). *The Cambridge Companion to Quine*. Cambridge: Cambridge University Press, 2004, p. 19-46.

_____. "Contextualism and Externalism: Trading in One Form of Skepticism for Another."*Philosophical Issues* 10, 2000, p. 43-57, p. 86-93.

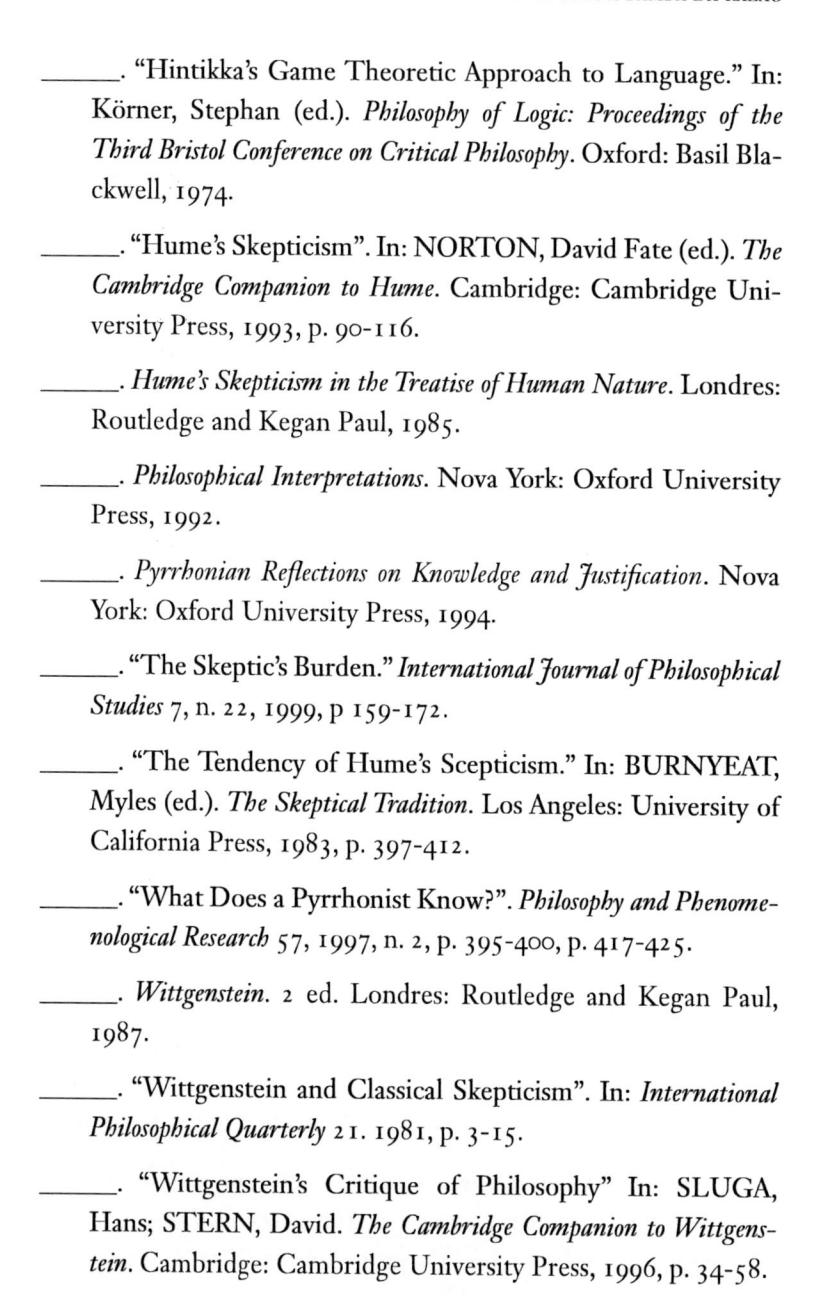

_____. "Hintikka's Game Theoretic Approach to Language." In: Körner, Stephan (ed.). *Philosophy of Logic: Proceedings of the Third Bristol Conference on Critical Philosophy*. Oxford: Basil Blackwell, 1974.

_____. "Hume's Skepticism". In: NORTON, David Fate (ed.). *The Cambridge Companion to Hume*. Cambridge: Cambridge University Press, 1993, p. 90-116.

_____. *Hume's Skepticism in the Treatise of Human Nature*. Londres: Routledge and Kegan Paul, 1985.

_____. *Philosophical Interpretations*. Nova York: Oxford University Press, 1992.

_____. *Pyrrhonian Reflections on Knowledge and Justification*. Nova York: Oxford University Press, 1994.

_____. "The Skeptic's Burden." *International Journal of Philosophical Studies* 7, n. 22, 1999, p 159-172.

_____. "The Tendency of Hume's Scepticism." In: BURNYEAT, Myles (ed.). *The Skeptical Tradition*. Los Angeles: University of California Press, 1983, p. 397-412.

_____. "What Does a Pyrrhonist Know?". *Philosophy and Phenomenological Research* 57, 1997, n. 2, p. 395-400, p. 417-425.

_____. *Wittgenstein*. 2 ed. Londres: Routledge and Kegan Paul, 1987.

_____. "Wittgenstein and Classical Skepticism". In: *International Philosophical Quarterly* 21. 1981, p. 3-15.

_____. "Wittgenstein's Critique of Philosophy" In: SLUGA, Hans; STERN, David. *The Cambridge Companion to Wittgenstein*. Cambridge: Cambridge University Press, 1996, p. 34-58.

FREDE, Michael. *Essays in Ancient Philosophy*. Oxford: Clarendon Press, 1987.

_____. "The Skeptic's Beliefs" In: FREDE, Michael. *Essays in Ancient Philosophy*, 1987, p. 179-200. Minneapolis: University of Minnesota Press. (Tradução em português: Frede, Michael. "As crenças do cético", trad. Ariosvaldo Kiister Siqueira, Revista *Sképsis*, São Paulo: 2008, vol. 3-4, p. 139-168).

_____. "The Skeptic's Two Kinds of Assent and the Question of the Possibility of Knowledge". In: SCHNEEWIND, J. B.; RORTY, Richard; SKINNER, Quentin (ed.). *Philosophy in History*. Cambridge: Cambridge University Press, 1984, p. 255-278.

GRICE, Paul. *Studies in the Way of Words*. Cambridge Mass.: Harvard University Press, 1989.

HEGEL, G. W. F. *The Phenomenology of Mind*. Londres: George Allen and Unwin, 1931. (Tradução em português: Hegel, G. W. F. *A fenomenologia do espírito*, trad. Paulo Meneses, Petrópolis: Vozes, 1992.)

HOFSTADER, Douglas R. *Gödel, Escher, Bach*. Nova York: Vintage, 1989. (Tradução em Português: Hofstader, Douglas R. *Gödel, Escher, Bach - Laços Eternos*, trad. Augusto J. Franco de Oliveira e José Viegas Filho, Lisboa: Gradiva Publicações, 2013.)

HUME, David. *Abstract*. In: HUME, David. *Treatise of Human Nature*. Oxford: Oxford University Press, 1978. (Tradução em português: Hume, David. *Sinopse*. Em *Tratado da natureza humana*, trad. Deborah Danowski, São Paulo: Unesp, 2009)

_____. *Dialogues Concerning Natural Religion*. Londres: T. Nelson, 1947. (Tradução em português: Hume, David. *Diálogos sobre a religião natural*, trad. José Oscar de Almeida Marques, São Paulo: Martins Fontes, 1992.)

_____. *Enquiries Concerning Human Understanding and Concerning the Principles of Morals*. Editado por: SELBY-BIGGE, L. A. (ed.); NIDDITCH, P. H. 3 ed. Oxford: Clarendon Press, 1975. (Tradução em português: Hume, David. *Investigações sobre o entendimento humano e sobre os princípios da moral*, trad. José Oscar de Almeida Marques, São Paulo: Unesp, 2004.)

_____. *Essays, Moral, Political, and Literary*. Indianapolis: Liberty, 1987. (Tradução em português: Hume, David. *Ensaios morais, políticos e literários*. Trad. Luciano Trigo, Rio de Janeiro: Topbooks, 2004.)

_____. *The History of England*. 6 vol. Indianapolis: Liberty, 1983.

_____. *A Treatise of Human Nature*. Editado por SELBY-BIGGE, L. A.; NIDDITCH, P. H. 2 ed. Oxford: Oxford University Press, 1978. (Tradução em português: HUME, David. *Tratado da Natureza Humana*, trad. Deborah Danowski, São Paulo: Unesp, 2009.)

JAMES, William. *The Will to Believe and Other Essays in Popular Philosophy*. Cambridge Mass.: Harvard University Press, 1979. (Tradução em português: James, William. *A vontade de crer*, trad. Cecília Camargo Bartalotti, São Paulo: Edições Loyola, 2001.)

JASTROW, Joseph. *Fact and Fable in Psychology*. Boston: Houghton Mifflin, 1900.

KANT, Immanuel. *Critique of Pure Reason*. London: Macmillan, 1953. (Tradução em português: Kant, Immanuel. *Crítica da razão pura*, trad. Manuela Pinto dos Santos e Alexandre Fradique Morujão, Lisboa: Fundação Calouste Gulbenkian, 2001.)

_____. *Prolegomena to Any Future Metaphysics*. Nova York: Liberal Arts Press, 1950. (Tradução em português: Kant, Immanuel. *Prolegómenos a toda metafísica futura*, trad. Artur Morão, Lisboa: Edições 70, 2008.)

KUHN, Thomas. *The Structure of Scientific Revolution*. 2 ed. Chicago: University of Chicago Press, 1970. (Tradução em português: Kuhn, Thomas. *A estrutura das revoluções científicas*, trad. Beatriz Vianna e Nelson Boeira, São Paulo: Perspectiva, 1998.)

LEWIS, C. I. *An Analysis of Knowledge and Valuation*. LaSalle, Ill.: Open Court, 1946.

LEWIS, David. "Elusive Knowledge."*Australasian Journal of Philosophy* 74, 1996, n. 4, p. 549-567.

MARCUS, Ruth Barcan."Moral Dilemmas and Consistency." *Journal of Philosophy* 77, 1980, n. 3, p. 121-136.

MIDDLETON, Conyers.*A Free Inquiry into Miraculous Powers, Which are supposed to have subsisted in the Christian Church, From the Earliest Ages through several successive Centuries*. Londres: Manby and Cox, on Ludgate Hill, 1749.

NEHAMAS, Alexander. *Nietzsche: Life as Literature*. Berkeley and Los Angeles: University of California Press, 1998.

NIETZSCHE, Friederich. *The Portable Nietzsche*. Nova York: Viking Press, 1969.

_____. *The Will to Power*. Nova York: Vintage Books, 1968. (Tradução em português: Nietzsche, Friederich. *A vontade de poder*, trad. Marcos Sinésio P. Fernandes e Francisco José D. de Moraes, Petrópolis: Editora Contraponto, 2008.)

PEIRCE, Charles S. *Collected Papers of Charles Saunders Peirce*. Cambridge: Harvard University Press, 1931.

PINKER, Stephen. *The Language Instinct*. Nova York: Perennial, 2000. (Tradução em Português: Pinker, Stephen. *O instinto da linguagem*, Claudia Berliner, São Paulo: Martins Fontes, 2002.)

PLATÃO. *The Theaetetus of Plato*. Indianapolis: Hackett, 1990. (Tradução em português: Platão, *Teeteto*, Trad. Adriana Manuela

Nogueira e Marcelo Boeri, Lisboa: Fundação Calouste Gulbenkian, 2010.)

QUINE, Willard V. O. "Epistemology Naturalized". In: QUINE, Willard V. O. *Ontological Relativity*, 69-90. Nova York: Columbia University Press, 1969. (Tradução em português: Quine, Willard V. O. "Epistemologia Naturalizada". In. Col. Os Pensadores. São Paulo: Abril Cultural, 1975.)

_____. *From Stimulus to Science*. Cambridge, Mass.: Harvard University Press, 1995.

_____. *Word and Object*. Cambridge, Mass.: Massachusetts Institute of Technology Press, 1960. (Tradução em português: QUINE, W. V. *Palavra e Objeto*, trad. Sofia Stein e Desidério Murcho, Petrópolis: Vozes, 2010.)

RORTY, Richard. *Philosophy and the Mirror of Nature*. Princeton: Princeton University Press, 1979. (Tradução em português: Rorty, Richard. *A filosofia e o espelho da natureza*, Trad. Antônio Trânsito, Rio de Janeiro: Relume Dumará, 1995.)

SARTRE, Jean-Paul. *Existentialism*. Trans. Bernard Frechtman. Nova York: Philosophical Library, 1947. (Tradução em Português: Sartre, Jean-Paul. *O Existencialismo é um Humanismo*. Trad. de Rita Correia Guedes, Luiz Roberto Salinas Forte e Bento Prado Junior. São Paulo: Nova Cultural, 1987.)

SEARLE, John R. *The Construction of Social Reality*. Londres: Penguin Press, 1995.

SEXTUS EMPIRICUS. *Outlines of Pyrrhonism*. Traduzido por R. G. Bury. 4 vol. Londres: William Heinemann, 1961.

_____. *Against the Logicians*. Traduzido por R. G. Bury. 4 vol. London: William Heinemann, 1967.

SINNOTT-ARMSTRONG, Walter. *Moral Dilemmas*. Oxford: Basil Blackwell, 1988.

SZYMBORSKA, Wislawa. *Sounds, Feelings, Thought: Seventy Poems by Wislawa Szymborska*. Princeton: Princeton University Press, 1981. (Tradução em português: SZYMBORSKA, Wislawa. *Poemas*, Trad. Regina Przybycien, São Paulo: Companhia das Letras, 2011).

TARSKI, Alfred. "The Concept of Truth in Formalized Languages". In: TARSKI, Alfred. *Logic, Semantics, and Metamathematics*. Indianapolis: Hackett, 2 ed., 1983, p. 152–278. (Tradução em Português: TARSKI, Alfred. *A concepção semântica de verdade*, trad. Celso Reni Braida, Cezar Augusto Mortari, Jesus de Paula Assis, Luiz Henrique de Araújo Dutra, São Paulo: Unesp, 2007).

WHITMAN, Walt. *Leaves of Grass: Comprehensive Reader's Edition*. Nova York: New York University Press, 1965.

WHORF, Benjamin Lee. *Language, Thought, and Reality: Selected Writings*. Cambridge, Mass.: Technology Press of Massachusetts Institute of Technology, 1956.

WILLIAMS, Michael. *Unnatural Doubts: Epistemological Realism and the Basis of Skepticism*. Oxford: Basil Blackwell, 1991.

WITTGENSTEIN, Ludwig. *Culture and Value*. 2 ed. Chicago: University of Chicago Press, 1984. (Tradução em português: Wittgenstein, Ludwig. *Cultura e Valor*, Trad. Jorge Mendes, Lisboa: Edições 70, 2000.)

_____. *Notebooks 1914–1916*. Editado por G. H. Von Wright e G. E. M. Anscombe. Traduzido por G. E. Mm. Anscombe. Oxford: Basil Blackwell, 1961. (Tradução em português: Wittgenstein, Ludwig. Cadernos 1914-1916, Trad. João Tiago Proença, Lisboa: Edições 70, 2004.)

_____. *On Certainty*. Editado por G. E. M. Anscombe e R. Rhees, trad. G. E. M. Anscombe. Oxford: Basil Blackwell, 1969. (Tradução em português: Wittgenstein, Ludwig. Da certeza, Trad. Maria Elisa Costa, Lisboa: Edições 70, 2012.)

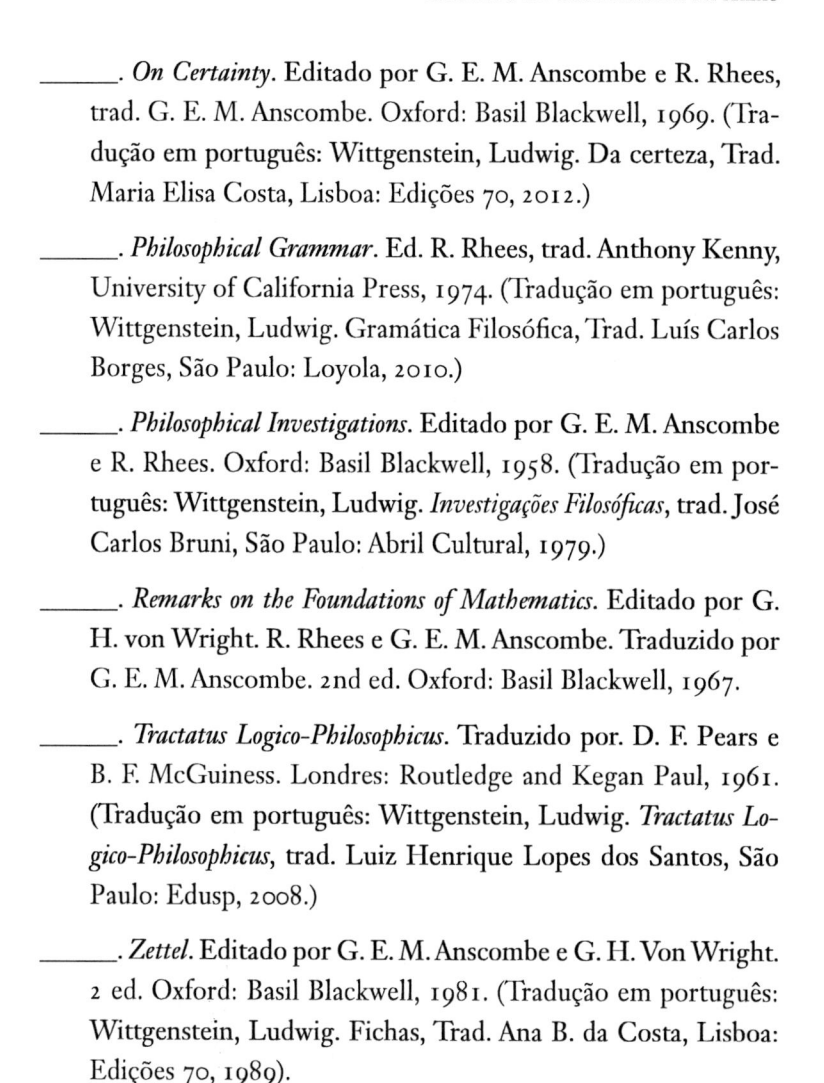

_____. *Philosophical Grammar*. Ed. R. Rhees, trad. Anthony Kenny, University of California Press, 1974. (Tradução em português: Wittgenstein, Ludwig. Gramática Filosófica, Trad. Luís Carlos Borges, São Paulo: Loyola, 2010.)

_____. *Philosophical Investigations*. Editado por G. E. M. Anscombe e R. Rhees. Oxford: Basil Blackwell, 1958. (Tradução em português: Wittgenstein, Ludwig. *Investigações Filosóficas*, trad. José Carlos Bruni, São Paulo: Abril Cultural, 1979.)

_____. *Remarks on the Foundations of Mathematics*. Editado por G. H. von Wright. R. Rhees e G. E. M. Anscombe. Traduzido por G. E. M. Anscombe. 2nd ed. Oxford: Basil Blackwell, 1967.

_____. *Tractatus Logico-Philosophicus*. Traduzido por. D. F. Pears e B. F. McGuiness. Londres: Routledge and Kegan Paul, 1961. (Tradução em português: Wittgenstein, Ludwig. *Tractatus Logico-Philosophicus*, trad. Luiz Henrique Lopes dos Santos, São Paulo: Edusp, 2008.)

_____. *Zettel*. Editado por G. E. M. Anscombe e G. H. Von Wright. 2 ed. Oxford: Basil Blackwell, 1981. (Tradução em português: Wittgenstein, Ludwig. Fichas, Trad. Ana B. da Costa, Lisboa: Edições 70, 1989).

Esta obra foi impressa em São Paulo na primavera de 2016. No texto foi utilizada a fonte Janson Text em corpo 10,25 e entrelinha de 15 pontos.